On sent que l'homme de Cnossos
vivait pour vivre,sans se laisser étouffer
ni contraindre par un respect indu
pour les mânes des ancêtres; religieux,
mais de la seule façon qui soit seyante
à l'homme : en tirant le maximum
de ce qui lui tombe sous la main,
en extrayant de chaque instant qui passe
la quintessence de la vie.

Henry Miller,
in *Le colosse de Maroussi*

A
A

Pierre Lévêque est professeur d'histoire grecque à l'Université de Franche-Comté. Outre son oeuvre scientifique, il a donné de vastes fresques, *L'Aventure grecque, Les Grandes Divinités de la Grèce, Empires et barbaries*, et invité au voyage culturel avec *Nous partons pour la Grèce* et *Nous partons pour la Sicile*. Ses derniers ouvrages s'intéressent surtout à l'histoire des religions, *Bêtes, dieux et hommes* et *Colère, sexe, rire : le Japon des mythes anciens.*

A la mémoire d'Aléka
et de Jenny
et pour tous les amis grecs.

Dépôt légal : septembre 1990
Numéro d'édition : 49156
ISBN : 2-07-053110
Imprimerie
Kapp Lahure Jombart
à Evreux

LA NAISSANCE DE LA GRÈCE
DES ROIS AUX CITÉS

Pierre Lévêque

DÉCOUVERTES GALLIMARD
HISTOIRE

Vers 2000 avant notre ère, l'arrivée en Grèce des premiers Grecs bouleverse les structures en place. Bientôt, des palais puissamment fortifiés, de riches tombeaux témoignent du remarquable développement et du raffinement de cette nouvelle civilisation palatiale que les rois de Mycènes portent à son apogée.

CHAPITRE PREMIER

UN SOMPTUEUX ÂGE DU BRONZE

Puissance et mouvement d'un héros et d'un dieu, Héraclès et Zeus, chargés de rétablir l'ordre dans un monde désorganisé par les forces du chaos.

A la différence de l'Orient, la Grèce ne connaît que tardivement l'agriculture céréalière et la domestication des animaux. Elle s'adapte cependant sans difficulté à ces techniques néolithiques apportées par des migrations en provenance d'Asie Mineure vers 6000 avant notre ère. Les établissements de la riche plaine de Thessalie donnent l'image de communautés puissantes et organisées. Ainsi sur l'acropole de Dimini, fortifiée de remparts concentriques, s'élève un véritable palais, qui annonce les palais mycéniens et laisse supposer l'ébauche d'institutions monarchiques.

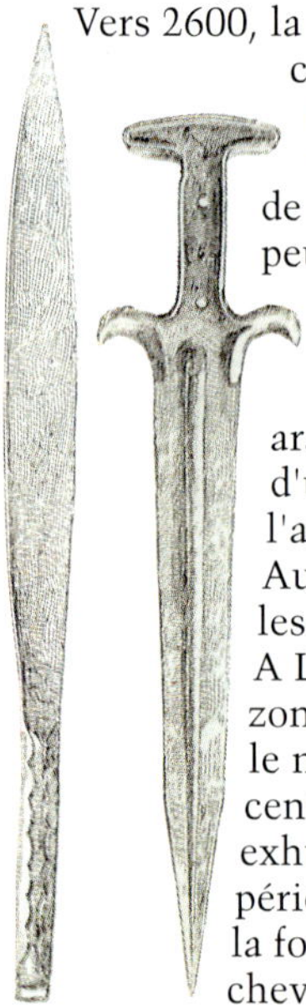

Vers 2600, la Grèce apprend, encore avec un certain retard, à travailler le bronze, s'ouvrant ainsi sur la Méditerranée orientale : elle n'a pas de minerai d'étain dans son sol et très peu de cuivre, et est contrainte d'importer ces deux métaux constitutifs du bronze. L'essor de la métallurgie, et donc des instruments aratoires et des armes, s'accompagne d'un remarquable développement de l'agriculture et des activités guerrières. Au premier âge du bronze (2600-2000), les communautés se structurent. A Lerne, sur le golfe d'Argolide, dans une zone où les échanges s'intensifient et où le mythe placera la redoutable Hydre aux cent têtes vaincue par Héraclès, on a exhumé les vestiges d'une ville de cette période : si les maisons conservent encore la forme préhistorique dite en épingle à cheveux, un rempart atteste la ferme volonté communautaire de se protéger des voisins, même au prix du travail considérable qu'impose la construction d'une enceinte. Au centre se dresse un palais, dit maison des tuiles, où règne un roi puissant, dominant toute la structure.

Mais il n'y a encore rien de grec dans cette Grèce du

Le bronze fournit des armes efficaces, ainsi que des armes de parade, somptueusement décorées.

La *labrys*, double hache crétoise, est un instrument de sacralisation pour les hommes comme pour les sanctuaires.

Bronze ancien. C'est seulement vers 2000, au tournant du Bronze moyen, qu'apparaissent les premiers Grecs. Ils constituent l'une des branches de ces Indo-Européens dont la civilisation et la langue se sont élaborées dans la vaste steppe européenne qui s'étend des Carpathes à l'Oural et dont les migrations successives vont assurer le peuplement de presque toute l'Europe et d'une partie de l'Asie. Deux mille ans avant notre ère, l'arrivée des premiers Grecs, ancêtres de ceux qu'on appellera les Ioniens, constitue une date phare dans l'histoire de l'humanité.

La conquête de la Grèce sème partout le trouble et la destruction. Les palais, symboles d'un pouvoir organisateur fort, sont anéantis; les tombes ne renferment plus ce riche mobilier funéraire des

Dans la grande plaine thessalienne, qui produit les plus belles moissons, les installations humaines sont importantes depuis les débuts du Néolithique.
A Dimini notamment, on a retrouvé un palais puissamment défendu par un dispositif sophistiqué et des nécropoles. Ici l'une des tombes néolithiques.

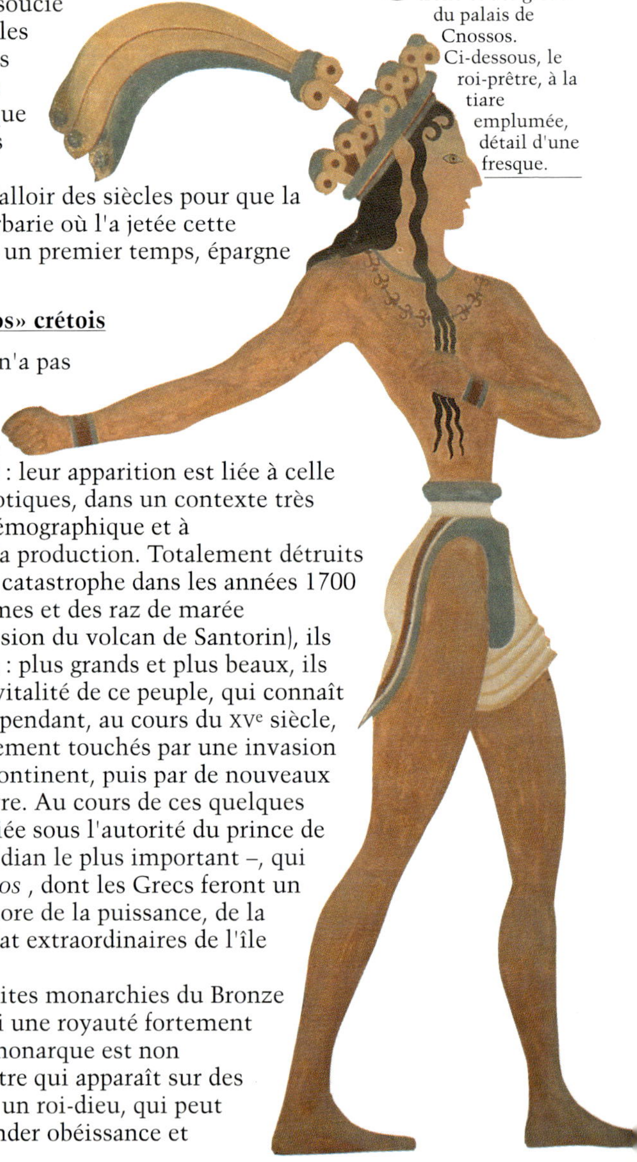

Ci-contre, la salle du trône et des gardes du palais de Cnossos. Ci-dessous, le roi-prêtre, à la tiare emplumée, détail d'une fresque.

périodes précédentes. La religion indo-européenne se soucie plus de réglementer les rapports des hommes avec les dieux et des hommes entre eux que d'assurer le salut des membres de la communauté. Il va falloir des siècles pour que la Grèce sorte de la barbarie où l'a jetée cette migration, qui, dans un premier temps, épargne la Crète.

Les palais des «minos» crétois

Dans une Crète qui n'a pas connu les migrations ioniennes, les palais surgissent vers 2000 : leur apparition est liée à celle de monarchies despotiques, dans un contexte très favorable à l'essor démographique et à l'intensification de la production. Totalement détruits par une gigantesque catastrophe dans les années 1700 (sans doute des séismes et des raz de marée consécutifs à l'explosion du volcan de Santorin), ils sont aussitôt rebâtis : plus grands et plus beaux, ils attestent l'extrême vitalité de ce peuple, qui connaît alors son apogée. Cependant, au cours du XVe siècle, les Crétois sont durement touchés par une invasion de Grecs venus du continent, puis par de nouveaux tremblements de terre. Au cours de ces quelques siècles, l'île est unifiée sous l'autorité du prince de Cnossos – le site médian le plus important –, qui porte le titre de *minos* , dont les Grecs feront un nom propre, métaphore de la puissance, de la prospérité et de l'éclat extraordinaires de l'île tout entière.

Succédant aux petites monarchies du Bronze ancien s'établit ainsi une royauté fortement structurée, dont le monarque est non seulement le roi-prêtre qui apparaît sur des fresques, mais aussi un roi-dieu, qui peut légitimement demander obéissance et

dévouement total à ses sujets. Les Grecs se souviendront de cette théocratie quand ils rappelleront dans leurs mythes les entretiens affectueux de Minos avec Zeus, le souverain des dieux.

Le palais est donc beaucoup plus que le centre du pouvoir où résident les décideurs, le *minos* et ses conseillers. Il est aussi le centre de l'exploitation, au sein d'une économie planifiée. Le despote contrôle la production et les échanges; il stocke d'énormes provisions dans ses magasins, qui jouxtent les ateliers d'art où se créent tant de menus chefs-d'œuvre. Le tout dans une atmosphère religieuse qui fait de ce monumental ensemble un sanctuaire. On hésite à comparer les despotes crétois aux pharaons ou aux rois de Mésopotamie, tant est forte la disparité de leurs royaumes respectifs, mais la structure générale est bien identique : théocratie, toute-puissance du roi, contrôle exercé sur les activités productrices ou marchandes, exploitation des travailleurs, qui, sans être des esclaves, sont des dépendants, étroitement tenus en lisière par les agents du roi. Ces derniers manient des écritures complexes, auxquelles n'ont accès que des scribes professionnels, qui donnent à ces monarchies tributaires son véritable soutien, la bureaucratie. Au reste, la comparaison s'impose davantage avec les petits royaumes de la côte anatolienne ou syro-palestinienne qui ont pu servir de modèles.

Ci-dessus, les magasins de Cnossos où le minos entrepose ses denrées alimentaires.

Ci-dessous, vaisselle mycénienne de Mochlos.

Des labyrinthes de lumière et de couleur

Le palais des *minos* est ouvert, sans fortifications, ce qui explique sa chute brutale. Se fiant à leur flotte de guerre et de commerce, les rois ont établi sur toute la mer Egée une thalassocratie dont Thucydide, des siècles plus tard, garde encore le souvenir. Leurs navires légers sillonnent la Méditerranée orientale; les

vases et les bijoux crétois s'exportent au loin, en Grèce, dans les îles, en Asie et en Egypte, tandis que les Crétois rapportent des minerais. Les sites dénommés Minoa se multiplient dans toute l'aire de leurs navigations. Grâce à ce vaste réseau de relations marchandes s'établit un impérialisme qui pèse notamment sur les Cyclades et peut-être sur le Péloponnèse méridional, où l'on a trouvé des tablettes rédigées en écriture crétoise. Ce qui émerveille encore, dans cette civilisation, c'est son art spontané, polymorphe, coloré et même chatoyant. Les palais sont non

Ce pendentif d'or du trésor d'Egine est dominé par l'imposante personnalité de la Terre-Mère.

seulement conçus pour la commodité et le confort de leurs hôtes, qui disposent d'installations sanitaires sophistiquées, mais, en raison de leur plan ingénieux – qui a accrédité le mot «labyrinthe» à son sens figuré – ils sont éclatants de lumière (la moindre courette est un puits de jour), et la polychromie de leurs fresques rehausse encore leur charme. Qui n'a présent à l'esprit le chef-d'œuvre que représente «la Parisienne», avec son fin visage dévoré par les yeux, son long cou, sa bouche mutine, sa chevelure indisciplinée?

Les scènes de mer sont un thème très fréquent dans les fresques (ci-contre, la fresque des dauphins de Cnossos). On les retrouve également sur de nombreux vases.

Ce monde de couleur et de sensibilité se retrouve dans un palais insulaire à Théra (Santorin), où les fresques étonnamment conservées représentent d'étranges scènes : des singes bleus, des nègres de la garde royale, des boxeurs, au milieu de fleurs innombrables restituant l'atmosphère des cultes de la Grande Mère qui dominent le panthéon crétois.

Les Achéens du continent construisent des palais cyclopéens

Le développement de la Grèce est différent. Après la migration de 2000, les Grecs s'imposent à la masse des indigènes, et leur langue, le grec, apparaît dès les

Des personnages typés se détachent sur les fresques qui couvrent les murs des palais, l'une des créations pleines de vitalité des artistes minoens. Une jeune beauté au visage sensible, «la Parisienne», assiste à quelque spectacle.

Une autre festivité est représentée sur les fresques : la scène de la procession.

premières tablettes. Ils se sédentarisent dans de petites communautés rurales, qui connaissent un essor continu, en partie sous l'influence des Crétois avec lesquels ils nouent rapidement des relations marchandes, puis diplomatiques.

Le phénomène le plus marquant est la construction de palais puissamment fortifiés, cyclopéens, diront les Grecs refusant de croire que ces empilements de blocs colossaux aient pu être édifiés par des hommes. C'est sans doute dès le XVIIe siècle qu'apparaît à Mycènes un premier palais, qui ne cesse de s'agrandir de siècle en siècle, surtout à partir de 1580, début du Bronze récent. Cette nouvelle période, dite aussi mycénienne, est dominée par le roi de Mycènes, le plus puissant de ces monarques qui se partagent toute la Grèce méridionale, notamment le Péloponnèse, l'Attique, la Béotie, la Thessalie.

Les palais fortifiés des Grecs (au toit à double pente) ne ressemblent pas à ceux des *minos*. En revanche, l'influence de la Crète se fait sentir dans tous les arts mineurs, de la céramique au travail du métal (orfèvrerie, damasquinerie, toreutique...). Les murs sont ornés de fresques de technique minoenne, mais les thèmes, empruntés à la chasse et à la guerre, évoquent plutôt les sombres querelles de familles (comme celles des Atrides, frères ennemis), les luttes et les batailles dont la mythologie grecque conserve le souvenir. Encore faut-il examiner la question avec la plus grande prudence, car la monarchie mycénienne relève bien du type tributaire défini pour les *minos*, ainsi que le prouve le déchiffrement de l'écriture dite linéaire B.

Les scribes en action

Comme en Crète, nous trouvons ici les scribes. Certes, et ce fut une immense déception, une fois le déchiffrement effectué et dûment vérifié, les documents des archives mycéniennes se présentent uniquement sous forme de dénombrements, d'inventaires et de comptes : aucune tablette religieuse, mythologique, épique, historique, contrairement à ce qui se passe en Mésopotamie ou sur la côte syrienne, à Ougarit. Le rêve de lire une *Iliade* ou une *Odyssée* primitive est ainsi anéanti.

Mais les enseignements des tablettes n'en sont pas

Symbole de la toute-puissance de la bureaucratie, cette tablette mycénienne du linéaire B provient de Cnossos et est donc postérieure à la conquête des palais par les Achéens du continent.

Cette scène mouvementée de chasse sur ce chef-d'œuvre mycénien de damasquinerie nous prouve qu'il y avait encore des lions en Grèce au IIe millénaire.

Parmi les écritures encore non déchiffrées de Crète figure le message pictographique du fameux disque de Phaistos, parfaitement ordonné en cercles concentriques.

moins considérables. Celles de Pylos (en Messénie) par exemple livrent une série d'archives assez complète. Le roi porte le titre de *wanax,* qui n'est point grec (donc pas d'origine indo-européenne). Il est à la fois despote et divinité (un dieu porte le même nom), mais il organise aussi et contrôle toute la vie économique. Il est assisté d'un «conducteur du peuple» (*lawagétas*), qui doit être un grand vizir ou un général en chef, et de toute une série de dignitaires, de grands officiers, d'administrateurs qui constituent les cadres d'une monarchie analogue à celles de la Crète minoenne ou de l'Orient. Le royaume

est divisé en provinces, regroupant des communautés rurales où l'autorité semble représentée par un chef de village (*basileus*). La lecture de si nombreuses tablettes permet d'affirmer désormais que les institutions des royaumes mycéniens n'ont rien de féodal, comme on avait pu le croire; elles sont celles d'un Etat tributaire.

Les tablettes renseignent aussi sur l'exploitation de la terre, moyen essentiel de production, répartie en catégories bien distinctes. Le roi dispose d'un apanage royal (*téménos*), ainsi que les grands qui l'entourent, la distribution des revenus d'une terre restant l'unique possibilité de récompenser leurs services; aux dieux est réservée une terre sacrée, qui sert à l'entretien du culte et de ses desservants; quelques domaines relèvent de la propriété privée, mais l'essentiel forme la «terre commune» : elle est

Les casemates de Tirynthe contribuent à l'impression de puissance de ce palais, pourtant érigé au cœur de la plaine argienne et non sur une acropole fortifiée comme le plus souvent dans la civilisation mycénienne.

distribuée périodiquement par l'administration royale entre les chefs de famille, au sein d'une entité de répartition, le *damo* (en grec ultérieur, *démos*, le peuple). C'est une structure pleinement congrue avec ce que l'on connaît des monarchies tributaires.

Deux constatations s'imposent. La première concerne la forme de l'écriture, qui n'a pas évolué sur des siècles; on ne constate pas ici l'effort de créativité des Sémites, qui élaborent dès le Bronze moyen plusieurs systèmes d'alphabet consonantique. En Grèce, on en reste à un syllabaire, qui accuse donc un net retard dans l'analyse des sons. La seconde

Cette tablette, rédigée en écriture du linéaire B, provient des archives du palais de Pylos, la plus grande collection de textes mycéniens.

remarque a trait au type même de ces monarchies bureaucratiques : le despote assure son hégémonie grâce à la chancellerie des scribes disposant de cet incomparable outil d'exploitation qu'est un système scripturaire, base de tout dénombrement.

La puissance des rois apparaît, tout autant que la minutieuse organisation de la bureaucratie, dans la noblesse impressionnante des palais…

A Mycènes, l'enceinte fortifiée, créée par Persée, dont le mythe fait remonter la lignée jusqu'à Poséidon, ne cesse de se développer : au premier

palais dont les vestiges sont encore visibles (XVe siècle) s'ajoutent, au XIVe et au milieu du XIIIe siècle, un vaste rempart qui fortifie l'éperon, puis une entrée monumentale (la porte des Lionnes) et une poterne; à la fin du XIIIe siècle, quand des menaces apparaissent, on ajoute un réduit oriental avec deux portes dérobées et on aménage un accès à une source profonde, la Perseia. L'organisation interne du palais de Tirynthe est analogue; on note aussi à la fin du XIIIe siècle l'ajout d'une vaste enceinte, presque dépourvue d'édifices et manifestement destinée à accueillir hommes et bêtes en cas d'alerte.

Le palais proprement dit s'élève au cœur de l'enceinte selon un plan tripartite qui devient canonique : trois pièces en enfilade, deux vestibules (dont l'un souvent accompagné d'un bain où l'étranger reçu comme hôte peut se laver et se détendre) et une grande pièce éclairée par un lanterneau soutenu par quatre colonnes centrales, c'est le *mégaron*, mot

Un diadème d'or, symbole de puissance et de richesse, accompagne le prince ou le roi qui le portait jusque dans son tombeau, jusque dans une éternité où il devient un héros.

A l'entrée du palais de Mycènes, se dressait la porte des Lionnes. La valeur défensive du site n'empêche pas sa forte tonalité religieuse : au-dessus de l'énorme linteau, les lionnes héraldiques, de part et d'autre d'un pilier sacré, évoquent la Grande Déesse et sacralisent les lieux.

d'origine inconnue, qui connote cet édifice nordique, avec un toit à double pente et un foyer fixe (tandis que la demeure royale des Crétois possède un toit plat et des braseros mobiles), et qui semble être apparu plutôt en Anatolie qu'en Grèce. A Tirynthe on a exhumé deux *mégara* voisins. A Pylos, palais sans fortification, la grande salle est décorée d'une superbe fresque représentant un jeune dieu de la Musique.

Le gobelet de Vaphio, une des pièces maîtresses de l'orfèvrerie mycénienne, témoigne des activités agricoles des Minoens.

...et la richesse des tombes

Le monde des morts est intimement lié à celui des vivants. Les modalités de l'inhumation ont beaucoup varié, devenant de plus en plus somptueuses pour les princes. Aux tombes à puits peu profond et aux tombes à ciste, coffrées d'un placage de pierres, succèdent les tombes à fosse, surmontées d'une dalle ou d'une stèle sculptée en relief plat. C'est à ce type qu'appartiennent les deux cercles de tombes royales de l'acropole mycénienne : le cercle du bas est un peu plus ancien, mais en partie concomitant avec celui du haut, qui a été englobé dans le rempart pour que soit assurée la défense de ce lien sacré . Tous deux sont dotés d'un somptueux mobilier qui justifie l'épithète homérique de «Mycènes la riche en or». Viennent ensuite les tombes à chambre, creusées dans le roc et munies d'un couloir d'accès, et les tombes à coupole

Les tombes royales de l'Acropole de Mycènes, surmontées de stèles en relief plat, ont été ultérieurement enserrées dans un cercle qui renforce la sacralité de ces lieux où reposent tant de héros.

(*tholoï*), dont la plus belle est le trésor d'Atrée.

Ces châteaux forts, véritables coffres-forts, a-t-on dit, protègent les trésors d'orfèvrerie et de bijouterie qui confortent le prestige du monarque. Le plus fameux, le plus monumental d'entre eux, Mycènes, est un véritable nid d'aigle, où le mythe a placé, incarné dans la famille des Atrides – petits-neveux de Zeus – toutes les violences, toutes les infamies, tous les stupres. Mais quel contraste avec ces objets précieux qu'on exhume des palais et des tombeaux, d'un raffinement tout crétois! C'est un étrange mélange de jeune vigueur et de sophistications anciennes qui caractérise les Achéens, très vite tournés vers les horizons les plus lointains.

Les masques d'or de Mycènes, destinés à conserver dans le métal le plus précieux les traits et le souvenir des grands morts héroïsés, ont été certainement conçus selon un modèle emprunté à l'Egypte.

Conquérants de terres lointaines ou marchands aventuriers, les Achéens ouvrent largement la petite Grèce sur l'extérieur

Les pharaons connaissent bien ceux qu'ils appellent «les princes des îles qui sont dans la Grande Verte»

(la Méditerranée), avec qui ils échangent des objets de prestige. Ainsi, les fameux masques d'or exhumés dans le cercle de l'acropole, que l'on prenait naguère pour le produit d'un art barbare, sont aujourd'hui tenus pour le fruit d'une influence égyptienne. Quant aux Hittites, qui ont développé un empire très puissant au cœur de l'Anatolie, ils mentionnent dans leurs textes l'*Akhkhijawa* (le pays des Achéens), qui peut être le Péloponnèse ou une Achaïe plus proche des rivages d'Asie Mineure, Rhodes par exemple. Homère utilise plusieurs noms pour désigner les Grecs (Argiens, Danaens), mais le plus courant est Achéens, vocable d'origine inconnue, mais qui peut désigner de nouveaux migrateurs grecs venus renforcer le peuplement de l'Hellade au tournant du Bronze moyen et du Bronze récent. Il est, en tout cas, significatif que le Grand Roi hittite traite en égal le roi des Achéens.

À la conquête des îles et de la côte d'Asie

La force offensive des Achéens s'exerce d'abord dans le monde insulaire, si déterminant pour tous les contacts extérieurs, mais qui avait d'abord été sous l'étroite dépendance des *minos*. Elle s'exerce également sur la Crète, point focal de la Méditerranée orientale et centre immémorial d'échanges fructueux avec les grands despotismes d'Orient comme avec les Barbares plus lointains. La conquête de la Crète par les Achéens renforce l'influence minoenne sur le continent, si bien que, dans tant de secteurs, la religion par exemple, Mycènes est un relais entre la Crète minoenne et la Grèce des cités. En revanche, on connaît assez mal la Crète mycénienne : les archives de Cnossos rédigées en linéaire B attestent qu'un prince achéen y règne, mais le destin de l'île, qui subit le contre-coup d'un puissant séisme, ne semble guère brillant. Elle poursuit son propre développement, avec une influence achéenne modeste, et la partie occidentale de l'île – dont jusqu'ici l'essor était plus faible – prend le pas sur la

L'architecture funéraire de ces rotondes construites en encorbellement n'est pas moins impressionnante que celle des enceintes.

partie orientale, mieux orientée vers le Proche-Orient.

Il s'agit ici d'une véritable conquête militaire, et il pourrait en être de même pour les implantations mycéniennes sur la côte d'Anatolie, où Milet et Colophon deviennent des établissements achéens, et sur la côte syro-phénicienne, où l'on repère plusieurs stations mycéniennes. Toutefois, nous sommes ici en bordure des grands empires d'Orient, dont les souverains auraient pu aisément rejeter à la mer des colons trop hardis. Il est donc probable que ces installations aient reçu l'assentiment des Orientaux, qui les considéraient comme des points de rencontre, des marchés, où s'enrichissaient les deux parties.

Si les vases mycéniens sont le plus souvent ornés de décors stylisés, quelques-uns portent de véritables scènes, tel ce défilé d'hommes en armes, symbole d'une civilisation belliqueuse.

Page suivante, une composition du palais de Théra montre le départ d'une expédition navale, avec le palais en arrière-plan. Il y a là une belle illustration de la thalassocratie minoenne.

Une expansion marchande jusqu'aux limites du monde connu

L'impérialisme qui caractérise les royaumes achéens est plus marchand que militaire. Sur leurs vaisseaux, les Mycéniens ont poussé jusqu'aux limites du monde connu les reconnaissances, les navigations régulières, les échanges, bien au-delà des zones hautement acculturées de l'Egypte, du monde syro-mésopotamien, de l'empire des Hittites et des Louwites. La céramique mycénienne, ce fossile directeur qui permet de mesurer l'aire des exportations, se retrouve en plus ou moins grande abondance en Libye et dans l'Occident italien. Les trouvailles effectuées en Sicile, en Sardaigne, en Italie méridionale et centrale sont impressionnantes, comme celles qui ont été faites *in situ*, à Florence, lors de récents travaux de voirie. Significatif aussi : le nom de l'île d'Elbe figure sur les tablettes en linéaire B. Certains points de débarquement s'imposent avec tant de force (comme en Sardaigne et sur le golfe de Tarente) qu'on doit les considérer comme des installations permanentes, où s'opéraient les échanges, en toute tranquillité, avec l'accord des chefs indigènes intéressés à ce commerce régulier de marchandises de luxe ou de demi-luxe. On a même pu soulever la question de l'extention de ces navigations jusqu'aux côtes gauloises et ibériques, mais aucun vestige fiable n'en subsiste, sinon peut-être des imitations locales de poterie mycénienne récemment signalées dans le Levant espagnol. Ces trafics sont attestés aussi en Libye, où de la céramique mycénienne a été exhumée loin de la côte, jusque sur le premier plateau.

Qu'en est-il des terres nordiques ? Le bilan est pour l'instant plus réservé. Que les Achéens aient commercé en Thrace et qu'ils aient franchi les Détroits est hors de doute. Mais, sauf sur le rivage méridional de la mer Noire, les témoignages sont plus indirects : abondants sur la côte Ouest, ils ne sont pas négligeables sur la côte Est, en Colchide, où l'on a

L'image d'Héraclès, le héros d'endurance, régulateur d'un monde encore livré au désordre, n'a cessé d'exalter l'imagination depuis l'Antiquité.

retrouvé des bijoux de tradition manifestement mycénienne.

Ces navigations, proches ou lointaines, permettent les échanges de produits de luxe, notamment de bijoux, grâce auxquels les rois s'assurent un prestige considérable, qui est un des éléments essentiels de lcur hégémonie. Mais le trafic porte aussi sur des ressources vivrières (la Grèce exporte déjà son vin) et sur des minerais. Se pose alors le problème de l'étain, composante nécessaire du bronze, que les Grecs doivent aller chercher en Orient ou en Italie, où il arrive au terme de voyages interminables sur les grandes routes occidentales du bronze. Les beaux arbres du Liban ou de Chalcidique intéressent aussi les Grecs, dont les activités sont étroitement liées aux relations marchandes avec des Barbares souvent installés aux limites du monde alors connu.

Aux limites de la réalité et de l'imaginaire sont aussi les grands itinéraires que les mythes grecs attribuent aux héros ouvreurs de routes et découvreurs de terres nouvelles : à Persée, à Bellérophon, mais surtout à Héraclès et à Jason dont

Ce vase à eau caractérise la production mycénienne la plus courante. Cette céramique est, sur tous les sites, d'une étonnante unité : les mêmes formes, tel le vase à étrier, les mêmes motifs décoratifs, tel le poulpe hérité de l'art crétois, se rencontrent partout. Ces beaux vases mycéniens ont permis d'établir une chronologie rigoureuse de la période, grâce à leurs transformations selon les caprices de la mode. Le grand nombre d'objets que les fouilles ont mis à jour sur les rives de la Méditerranée éclaire un aspect capital : l'expansion commerciale d'un monde en pleine vitalité. Ainsi, ce vase qui atteste des échanges entre les Egyptiens et les «habitants des îles».

les entreprises symétriques s'orientent les unes vers l'Extrême-Occident, les autres vers la Colchide au fond de la mer Noire. Héraclès s'est vu imposer par son cousin Eurysthée, roi de Mycènes, une longue suite de travaux; les premiers sont localisés dans le Péloponnèse, mais les derniers l'entraînent jusqu'au milieu de l'océan, sur l'île d'Erythie, où il doit conquérir les bœufs du monstrueux Géryon au triple corps, et jusqu'en Afrique, où l'attendent les pommes d'or des Hespérides : riche saga d'un explorateur/fondateur. Jason, lui, atteint les bords lointains du Phase pour ramener la Toison d'or, gage de prospérité et de pouvoir des royaumes achéens. L'amour qu'il inspire à Médée, la fille du roi, lui permet de triompher des embûches dressées par le dragon qui veille sur la toison. De la même

façon, Héraclès doit beaucoup aux déesses, Nymphes ou mortelles qui le comblent de leurs faveurs. Ces mythes ne sont pas sans signification historique : ils sont la métaphore du monde des marins aventuriers qui sillonnent hardiment Méditerranée et mer Noire, élargissant l'espace des marchands achéens. Le mythe raconte aussi les aventures de Minos en Sicile, où il trouve la mort, étouffé dans son bain par les filles du roi des Sicanes. Belles histoires où le voyage, l'amour, les dangers, la mort jouent chacun leur partie et qui transposent, pour les délices des générations futures, les errances et trafics aventureux des pionniers achéens.

La guerre de Troie a marqué les imaginations, par les forces énormes qu'elle a déplacées, et aussi grâce au génie d'Homère.

Mythes et réalités de la guerre de Troie

Et c'est encore une histoire d'amour et de violence que celle de la guerre de Troie, dont les épopées, composées par Homère un demi-millénaire après les événements, gardent l'éblouissant souvenir. Quelles que soient les cristallisations opérées autour des données initiales, on ne peut guère douter de la réalité du conflit qui embrase les deux rives de l'Egée, d'autant que l'archéologie montre sur le site la présence d'une couche de destruction violente qui correspond bien à la chronologie la plus vraisemblable (vers 1230-1200). Mais jusqu'où confirmer l'autorité du récit? Certains considèrent le personnage d'Hélène comme un ajout ultérieur destiné à agrémenter un récit militaire, alors qu'elle est au cœur de l'action, témoin des souffrances qu'engendre un amour de démesure : thème essentiel que l'on trouve aussi au début de l'*Iliade*, dans la rage qui anime Achille, injustement privé de la captive qu'il aimait. Mais ces réseaux légers qui forment la structure du discours épique n'empêchent pas de poser les questions de fond : au-delà des mésaventures d'un époux bafoué, au-delà des épisodes

Ces deux compositions de vases archaïques à figures noires illustrent la très longue survie des gestes de héros élaborées à l'époque mycénienne : Achille devant la fontaine (ci-contre) et Héraclès opposé au triple Géryon (à gauche).

où transparaît une puissante camaraderie militaire, au-delà des combats et des humbles douleurs qu'engendre la mort des êtres aimés, quel est le sens d'une expédition qui, dit-on, retint dix ans les Achéens au pied des murailles de Troie ?

Un savant très imaginatif, Victor Bérard, a supposé que Troie, située sur une route de portage terrestre permettant d'éviter la navigation dangereuse dans les Détroits, était une position éminemment stratégique. Sans doute la solution est-elle beaucoup plus simple. Les fouilles ont révélé l'extraordinaire richesse de la ville de Troie, due aux rapports qu'elle entretenait avec l'intérieur de l'Anatolie septentrionale (donc avec l'Empire hittite) et avec les ports méditerranéens. Les Achéens n'ont pas cherché à s'implanter à Troie : ils ont mené une formidable opération de pillage, comme le prouve la tradition épique, et la fouille confirme que le site n'est plus occupé pendant des siècles. La coalition des princes achéens sous l'autorité – contestée – du plus puissant d'entre eux, Agamemnon, le roi des rois, quelles que soient ses implications sentimentales, s'était formée avant tout autour d'un gigantesque projet de prise et de mise à sac de l'une des villes les plus riches de Méditerranée orientale.

Composées cinq cents ans après l'expédition, les épopées homériques ne constituent en aucun cas un témoignage direct, mais la réalité de cette vaste razzia ne peut être mise en doute. Les Achéens, capables de s'unir comme ils le font peu après pour barrer d'un mur cyclopéen l'isthme de Corinthe, ont réussi – non sans difficulté – leur coup de main. Même s'il s'agit du chant du cygne de leur puissance, celle-là est assez forte pour qu'ils puissent quitter leur royaume pendant de longues années et guerroyer quasiment aux

La panoplie de Dendra montre un guerrier entièrement couvert de bronze, antérieur de quelques siècles à ceux de la guerre de Troie.

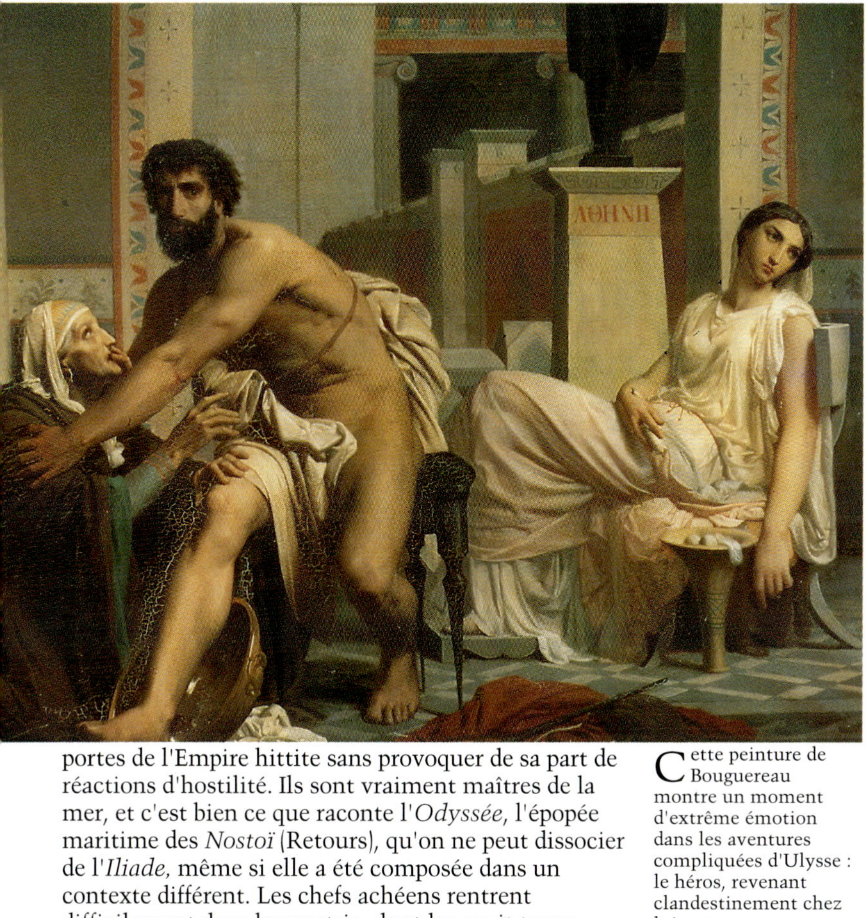

Cette peinture de Bouguereau montre un moment d'extrême émotion dans les aventures compliquées d'Ulysse : le héros, revenant clandestinement chez lui, est reconnu par sa vieille nourrice.

portes de l'Empire hittite sans provoquer de sa part de réactions d'hostilité. Ils sont vraiment maîtres de la mer, et c'est bien ce que raconte l'*Odyssée*, l'épopée maritime des *Nostoï* (Retours), qu'on ne peut dissocier de l'*Iliade*, même si elle a été composée dans un contexte différent. Les chefs achéens rentrent difficilement dans leur patrie, dont les avait tenus écartés si longtemps leur soif insatiable de combats et de pillage, mais ils n'y trouvent pas toujours l'accueil qu'ils auraient souhaité. Ulysse, un héros d'une étonnante saga sur les rivages les plus lointains, connaît naufrages et brèves amours auprès de séduisantes et dangereuses magiciennes. Il lui faut encore errer dix longues années avant de revenir à Ithaque et de mettre de l'ordre dans la pétaudière qu'est devenu son palais malgré ou à cause de Pénélope l'ambiguë.

L'épopée d'Homère fait de Zeus et d'Héra un couple souverain qui régit l'univers des dieux, superposé à celui des hommes. Or, le témoignage des tablettes présente déjà un panthéon assez analogue

Un groupe du haut archaïsme montre l'union intime de Zeus et Héra, le couple qui domine tout le panthéon.

Les dieux mentionnés dans les tablettes en linéaire B donnent l'image d'un panthéon assez proche de celui d'Homère et des cités. Presque tous les dieux principaux y sont présents, à l'exception d'Apollon, de Léto et d'Aphrodite, mais ils n'ont pas nécessairement la même importance que cinq siècles plus tard : ainsi Poséidon est plus souvent mentionné que Zeus. Monde riche et confus, dont on peut aujourd'hui expliquer la genèse en recourant au concept de syncrétisme créto-mycénien.

Lors de leur migration en Grèce, les Grecs apportent leur capital spirituel : une religion très socialisée dans laquelle les détenteurs des trois fonctions de souveraineté, de force militaire et de production/reproduction se partagent le panthéon. Très cohérente et répondant bien aux besoins de rassemblement de tribus semi-nomades, elle se heurte de plein fouet à celle des populations autochtones qui vouent un culte spécifique aux divinités de la Fécondité, de la Fertilité et de la Vie éternelle. D'où une véritable implosion de la religion indo-européenne, qui en fait disparaître les cadres structurants, et la constitution d'un syncrétisme sans doute plus efficace que logique entre cultes importés et cultes indigènes. Si l'on décompte toutefois les déesses mères ou vierges et les jeunes dieux, c'est bien un panthéon méditerranéen qui s'impose, exaltant les forces secrètes qui font croître les communautés humaines et le bétail, lever le blé et produire les fruitiers, et perdurer la vie jusqu'en une éternité bienheureuse. Une telle structure doit quasiment tout à la Crète, héritière des cultes du Néolithique et du Bronze ancien qui s'ordonnaient autour des puissances de l'élan vital.

On débouche de fait sur un monde de salut, un salut mérité par l'adhésion aux mystères à la crétoise, qui préfigurent ceux de Déméter et de Coré dans les cités : il est significatif que les mots «mystère» et

Ingres construit cette magistrale composition de Thétis suppliant Zeus trônant dans l'Olympe, sûr de lui et impassible.

INGRES

Cette terre-cuite représente un modèle cypriote d'enceinte sacrée : dans une composition pleine de vie se mêlent dieux et fidèles en train d'accomplir une action liturgique.

«initier» fassent partie du vocabulaire des tablettes. Ce salut est certainement conçu comme localisé dans des Enfers souterrains, les Champs Elysées (au nom crétois). Les Grecs hériteront de cette conception et placeront ces séjours de l'au-delà sous l'autorité de trois rois qui se distinguent par leur sagesse : Minos, Rhadamante et Eaque, dont deux portent des noms minoens. Dans les tombes communes, beaucoup d'idoles de terre cuite représentent des Terres Mères, parfois accompagnées – dans une grande tradition qui remonte encore jusqu'au Néolithique – d'une déesse fille et d'un enfant divin.

Quant aux princes et aux grands de ce monde, ils jouissent, jusque dans l'éternité, d'un sort spécial, parce qu'ils reposent dans des tombeaux somptueux et qu'ils ont un statut lui-même exceptionnel : celui de héros. Ce mot, crétois lui aussi – on voit combien l'analyse du vocabulaire est enrichissante pour donner sa juste valeur à la composante minoenne –, désigne le seigneur qui continue à protéger, après sa mort, la communauté sur laquelle il régnait, à condition de recevoir un culte qui ranime, en quelque sorte, ses pouvoirs dans l'outre-tombe. Les tablettes connaissent même un «trois fois héros» aux incommensurables puissances. Il y a ici toutes les racines de la conception du héros, si importante dans la Grèce des cités.

Des déesses toutes-puissantes

Le vécu religieux des Achéens est clair : les déesses sont partout, force de vie, de production, de sauvegarde en ce monde comme dans l'autre, même si des bribes de trifonctionnalité perdurent. Le couple Zeus-Héra est riche de signification. Certes Zeus apparaît dans les tablettes comme lié tantôt à Diwija («une Zeus») la Grecque, tantôt à Héra la Crétoise, qui porte un nom signifiant «la Dame» (c'est le féminin de

Une des innombrables idoles montre la Déesse-Mère, source de toute vie dont le culte est typique de toute la Méditerranée à l'âge du Bronze.

Le groupe des deux déesses (Déméter et Coré) et de l'enfant divin dans le sanctuaire du palais de Mycènes est l'une des œuvres les plus émouvantes de la spiritualité mycénienne : une puissante expression des sentiments des dieux étroitement rapprochés dans leur commune affection.

héros). L'union sacrée de Zeus et Héra s'impose dès cette époque et constituera, dans les cités, l'assise la plus solide du panthéon. Mariage discordant, non seulement en raison des querelles et des brouilles que leur attribue le mythe, mais parce que Zeus est d'origine indo-européenne (il est alors le dieu suprême, celui de la Foudre et du Ciel lumineux auquel il doit son nom, le dieu père aussi et le détenteur de toute souveraineté), tandis que Héra est une Méditerranéenne. Or, les mythes ultérieurs transmettent d'étranges informations sur la difficile naissance de Zeus et ses enfances dangereuses, mais aussi sur sa mort et sa résurrection en jeune dieu de la nature; elles montrent en lui un adolescent qui danse pour solliciter les forces les plus profondes de la Terre; elles établissent des rapports étonnamment contradictoires entre lui et Héra, tout à la fois sœur, jeune amante, épouse et mère! Rien de tout cela n'est inexplicable, si l'on veut bien considérer qu'aucune autre solution théologique n'a pu être imaginée que de faire entrer dans une même personnalité divine, je dirais même dans la peau d'un même personnage, l'enfant divin aux jours menacés et le noble dieu barbu dans la force de l'âge qui lance la foudre et l'orage.

Sur ce chef-d'œuvre mycénien retrouvé en Syrie, la déesse de la Fécondité est représentée en Maîtresse des animaux.

Les chatons des bagues crétoises ou mycéniennes portent souvent d'importantes scènes religieuses. Une procession se dirige ici vers la Mère de Fertilité/Fécondité assise sur son trône.

Un modèle de sanctuaire sacralisé est caractérisé par les cornes de consécration.

La déesse au serpent que figure cette idole incarne toutes les puissances de la terre féconde.

Tous les palais s'écroulent...

Le monde des palais, qui laisse une impression profonde de puissance réglée sous les apparences de la démesure, s'écroule brutalement aux environs de 1200. Pylos, grande enceinte sans fortification, s'effondre, bientôt suivi de tous les autres palais sur le continent ou en Crète. C'est la ruine des forteresses et des demeures royales, la disparition de l'écriture et des formes supérieures de l'art, le retour à de médiocres collectivités sans horizon. Pourquoi ? C'est un sujet dont débattent les historiens.

Les Âges Sombres sont des siècles de pauvreté et de désordre. Mais peu à peu se constituent des collectivités organisées, les royaumes dits homériques, d'où émergent les cités vers 800. Le monde hellénique connaît alors un second apogée caractérisé par l'expansion coloniale et par d'innombrables créations.

CHAPITRE II

L'ARCHAÏSME : UNE BOUILLONNANTE CRÉATIVITÉ

Que de merveilles dans les œuvres d'art de l'archaïsme! le charme de cette scène de fontaine sur une hydrie du VIe siècle; et cet Apollon du Pirée qui exalte la vitalité du jeune dieu de toutes les énergies.

La ruine des palais plonge la Grèce dans un état de chaos et de barbarie : ce sont les Âges Sombres. Cette vague de destruction est difficile à expliquer. On a invoqué des tremblements de terre, voire des révoltes de dépendants surexploités. Même si ces hypothèses sont plausibles, il faut surtout rechercher l'origine de ce cataclysme dans la migration des Doriens, peuple grec demeuré jusque-là en Grèce septentrionale, sur les hauteurs du Pinde, qui descend soudain vers les riches royaumes mycéniens, dont il s'empare par la violence. C'est comme une coulée de nouveaux Grecs, que l'on peut quasiment suivre à la trace en dressant la carte des zones où l'on parle désormais les dialectes doriens (ou des dialectes très proches, ceux de l'Hellade du Nord-Ouest).

Ce mouvement n'est au reste pas isolé. En Anatolie, l'Empire hittite est attaqué et finalement détruit par des migrateurs venus aussi du nord, qui ravagent tout sur leur passage le long des côtes et jusqu'en Egypte : ce sont les redoutables «peuples de la mer». Un scénario identique se déroule de part et d'autre de l'Egée, avec les mêmes bandes dynamiques détruisant et pillant tout sur leur passage. Royaumes mycéniens et Empire hittite disparaissent sous leurs coups, avec leurs structures tributaires et l'écriture qui en était l'instrument.

La période des Âges Sombres, qui s'ouvre au XIIe siècle dans le feu et le sang, va durer quatre siècles...

Les grands mouvements de migration se poursuivent longtemps, en particulier vers l'Asie Mineure, dont la côte se peuple de Grecs venant de la Grèce continentale : Eoliens au Nord, Ioniens au centre, Doriens au Sud. Ces mêmes coulées ethniques se lisent aussi dans l'Archipel et les grandes îles proches des rivages

Un hoplite s'élance lourdement armé et protégé par son bouclier au riche décor. Il va prendre une importance primordiale dans les cités où se constituent vite des milices d'hoplites.

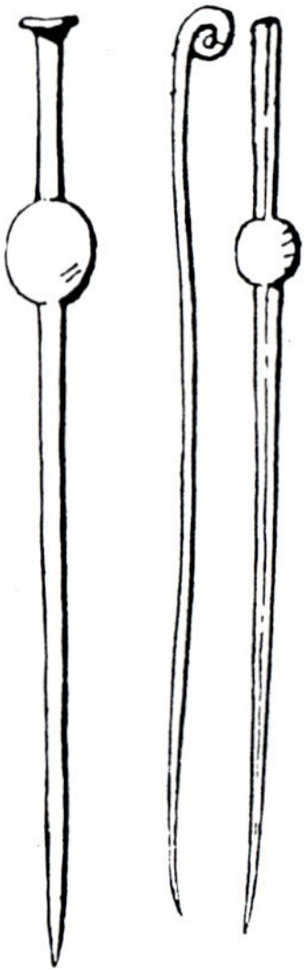

L'apport matériel des Doriens a été quasi nul. Avec une grande souplesse, ils ont adopté les formes techniques ou artistiques nouvelles qui se faisaient alors jour en Grèce, le plus souvent sous l'influence de l'Orient. Ci-dessus, des épingles de vêtements.

d'Asie : ainsi, Lesbos est éolienne, Chios et Samos ioniennes, Rhodes dorienne... On constate que les derniers en date des migrateurs, les Doriens, se sont eux aussi lancés sur les mers. C'est un facteur positif, qui donne aux terres peuplées de Grecs en Asie une considérable extension dans une zone privilégiée pour les échanges avec l'Orient.

Pour le reste, la situation n'est guère brillante. La moitié de la population a sans doute disparu dans la tourmente. Les petites collectivités qui renaissent, souvent sur les ruines des palais, sont dérisoires, repliées sur elles-mêmes dans une véritable autarcie. A leur tête se trouve un *basileus*, un roi qui n'a rien d'un despote omnipotent comme naguère : c'est un roi tribal, simple représentant de la couche dominante en voie de constitution autour des chefs

L'époque géométrique se caractérise par ses magnifiques chaudrons de bronze, tel cet exemplaire cypriote. Ils sont utilisés aussi bien dans la vie quotidienne que dans les cérémonies religieuses.

THESSALIE
PINDE
SPORAD
EUB
Delphes
BÉOTIE
Chalci
Mégare
Athèn
ATTIQU
Corinthe
Argos
Olympie
Mantinée
Épidaure
Mycènes
MESSÉNIE
Sparte
LACONIE
PÉLOPONNÈSE
MER
MÉDITERRANÉE
ÉOLIENS
IONIENS
DORIENS

ÉOLIDE
LESBOS
Mytilène
NORD
SCYROS
Smyrne
CHIOS
Érythrée
Colophon
IONIE
Éphèse
SAMOS
Priène
DÉLOS
Milet
NAXOS
Halicarnasse
DORIDE
PAROS
AMORGOS
COS
Cnide
Ialysos
THÉRA
Lindos
RHODES
CRÈTE
Cnosos
Phaistos
0
200 km

de guerre de la migration. Ceux-là accaparent les meilleures terres au moment où les migrants commencent à se sédentariser et où, peu à peu, l'agriculture l'emporte sur l'élevage semi-nomade.

Pendant ces quatre siècles, l'évolution est forte. Les communautés se structurent mieux autour de leur roi, assisté d'un conseil de chefs et dominant une assemblée du peuple, qui n'a en rien pouvoir de décision : institutions héritées du passé indo-européen ravivé par les Doriens et qui préfigurent en partie celles de la cité. Aux Xe et IXe siècles, la situation est celle qu'évoque l'épopée : de petites monarchies se partagent la Grèce; on les dit homériques, car le poète, incapable de se représenter clairement le monde des palais, situe en fait son récit dans les siècles qui le précèdent immédiatement. Bien que le pouvoir reste particulièrement faible, les communautés grecques s'organisent donc autour de leur roi et de leurs aristocrates.

Des mutations aux conséquences considérables

Ne commettons pas l'imprudence de réduire les Âges Sombres à une période de régression et de barbarie. De grandes innovations apparaissent. Ainsi, dans l'art de la céramique, les créations du submycénien, qui constituent l'héritage des potiers achéens, sont supplantées par une nouvelle céramique, dite d'abord proto-géométrique, puis géométrique, dont les décors relèvent d'une vision géométrisée du monde. Mais cette abstraction ne doit rien, quoi qu'on en ait dit, au sang neuf des Doriens : elle résulte d'une évolution interne. De fait, les ateliers novateurs qui créent ces nouveaux vases se trouvent dans des zones, comme l'Attique, épargnées par les migrations doriennes. Mutations tout aussi importantes dans le domaine religieux : Zeus s'impose davantage encore comme le

Les amphores géométriques sont des pièces techniquement réussies et somptueusement décorées : deux détails montrent des scènes de funérailles, en particulier le transport du mort.

dieu de la souveraineté, bien nécessaire dans un monde où le pouvoir est vacillant et contesté. Mais de nouvelles divinités, originaires d'Asie, s'introduisent dans le panthéon et y prennent définitivement place vers 1000 : Aphrodite, une Sémite que les Grecs ont empruntée à Chypre, qu'ils ont conquis après les migrations; Apollon et sa mère Leto, qui, eux, sont des Anatoliens.

Homère, lui, est au confluent des deux millénaires. S'il compose vers 750, donc en plein monde des cités, c'est en utilisant une longue tradition orale issue au

La Grèce du XIXe siècle

«Homère, c'est le patron», disait Péguy. Accompagné par sa cithare, Homère, sur ce tableau de Leloir, chante les épopées des héros de la guerre de Troie dans les cours de l'Ionie.
Combien la Grèce a-t-elle au reste inspiré la peinture du XIXe siècle dans ces scènes de genre!
Pages suivantes, «le jeune Grec faisant combattre des coqs» de Gérome et «les femmes à la fontaine» de Papety.

J.L. GEROME

ΚΑΛΛΙΡΟΟΣ ΝΗΙΔΕΣΙ
DOM. PAPETY
ROMA

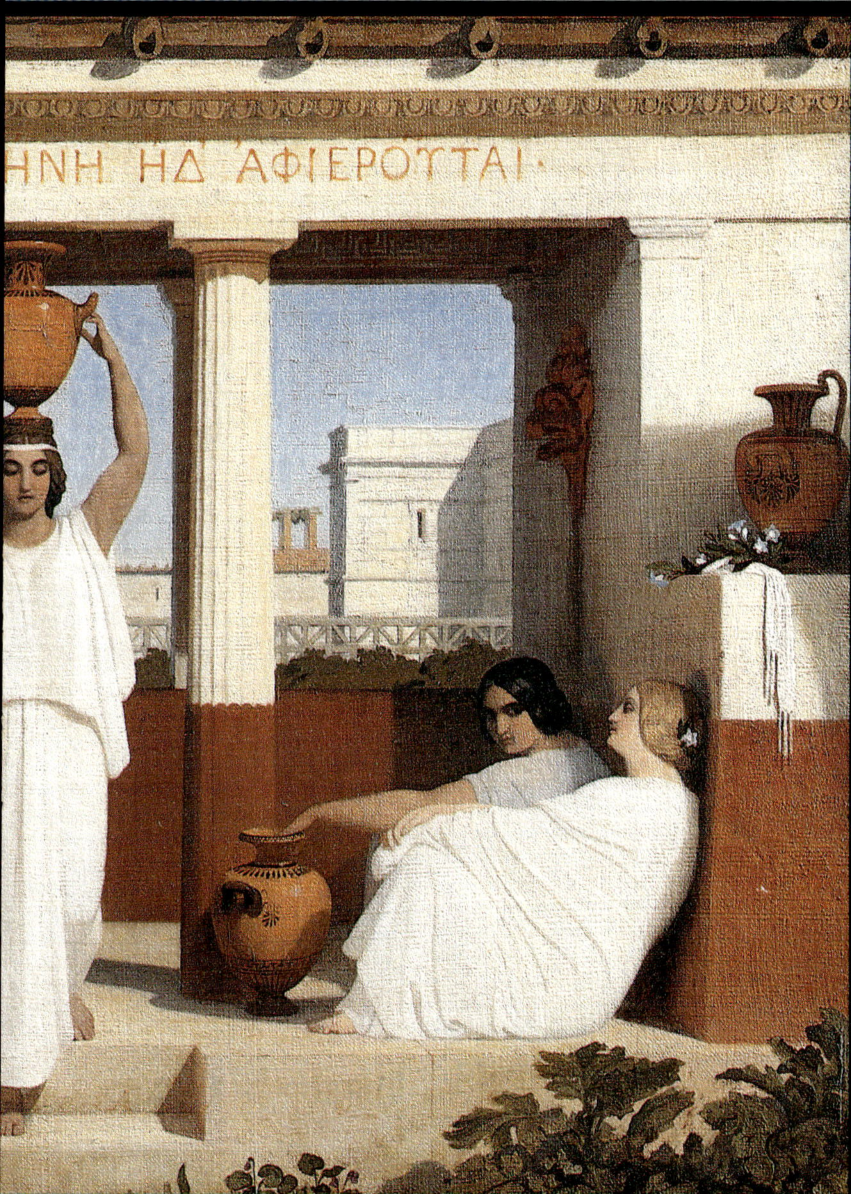
ΗΝΗ ΗΔ ΑΦΙΕΡΟΥΤΑΙ·

moins de l'époque mycénienne tardive, que son génie organise comme une symphonie de grands thèmes récurrents. Les épopées ne sont pas des documents historiques, et, si elles évoquent la guerre de Troie et les Retours, elles brodent en toile de fond la société des royaumes homériques. Œuvre immense d'un rhapsode («couseur»), qui, au cours des festins des aristocrates, chante un passé de gloire et permet aux Grecs du Fer de retrouver leurs racines du Bronze.

Dans les tombes péloponnésiennes du VIIIe siècle les belles armes de bronze sont encore nombreuses . Le fer devient de plus en plus le métal quotidien.

Vers 800 se cristallise, dans la Grèce d'Europe et dans celle d'Asie, une nouvelle structure, la cité (en grec «polis»)

D'abord totalement sous l'emprise des aristocrates, la cité permet au peuple d'obtenir progressivement une meilleure reconnaissance de ses droits.
Les rois sont assez rapidement remplacés par des magistrats annuels et collégiaux, le conseil et l'assemblée du peuple subsistant comme rouages essentiels. Les aristocrates sont les principaux bénéficiaires du passage du royaume à la cité, qui instaure un Etat fort, capable d'abriter toutes les innovations; mais la cité est par nécessité consensuelle, puisque les plus pauvres des citoyens sont intégrés dans l'assemblée du peuple.

Alors sont récupérées d'anciennes formes qui engendrent autant de processus nouveaux d'intégration. C'est la division en tribus – quatre chez les Ioniens, trois chez les Doriens – qui fait de la cité un ensemble, somme de sous-ensembles où chaque citoyen trouve sa place dans les cercles emboîtés de l'appartenance à la communauté : famille nucléaire, clan, phratrie, tribu. C'est aussi une reviviscence des rites de passage, qui intègrent filles et garçons, généralement au moment de la puberté, dans la collectivité des adultes, faisant d'eux, au moins potentiellement, des soldats et des

reproductrices. Ces pratiques sont issues des premières sociétés agropastorales, tandis que les tribus représentent une tradition indo-européenne, sans doute ravivée par les migrations doriennes : tous les moyens sont bons pour rendre plus solide le tissu social.

Pourquoi la cité succède-t-elle aux royaumes homériques?

S'il y a en Grèce des objets de fer depuis 1100, ce n'est guère qu'au IXe siècle que l'usage de ce métal devient quotidien, déterminant un essor démographique et une recrudescence des opérations militaires, du fait qu'instruments aratoires et armes sont désormais

Les vases à figures rouges d'une simplicité toute classique exaltent souvent la vie des héros. Ici, une scène d'émotion contenue : les adieux du guerrier Achille.

Homère domine cette composition contrastée de David où ses auditeurs expriment de vives émotions en entendant le vieil aède.

plus opératoires. D'où un surproduit permettant les échanges d'où aussi des besoins de défense accrus. A cela s'ajoutent une sédentarisation plus forte – l'agriculture prenant définitivement le dessus sur l'élevage – et un développement des villes dû le plus souvent à la réunion de villages voisins (ou synœcisme). L'accroissement de la démographie, de toutes les activités de production et d'échanges et de l'urbanisation, entraîne le renforcement des institutions et une cohésion sociale autour des aristocrates chefs de guerre; il permet aussi, dès la fin du IXe siècle, l'essor de l'économie, favorisé par cette réouverture des relations marchandes avec le Proche-Orient, le Nord, la Sicile et l'Italie.

Comme une bande dessinée, cette base de *kouros* funéraire représente des jeunes gens nobles partant en guerre.

Ci-dessous, deux hoplites en plein élan de course.

L'émergence et les revendications du «démos»

La tension subsiste dans les cités en raison de l'hégémonie que les nobles font peser sur le *démos*. D'où des crises successives, qui se terminent par des succès – parfois modestes, mais significatifs – du peuple.

Les besoins militaires se multiplient dans ce contexte favorable à l'accumulation de richesses – vivres ou objets de luxe – dans les agglomérations. Dès la fin du

VIIIe siècle, les cavaliers nobles ne suffisant plus à la défense, il faut constituer une infanterie lourde d'hoplites en armant les paysans les plus aisés, qui, tout naturellement, vont réclamer de nouveaux droits.

En même temps ou peu après se développe une crise agraire. Les petits propriétaires ne peuvent subsister sur leurs terres, morcelées par les partages successoraux, ils n'ont pas non plus la possibilité de transformer leurs emblavures en vignobles et en olivettes, car ils n'ont pas de quoi vivre, en attendant qu'ils portent des fruits. Aussi s'endettent-ils auprès d'un riche voisin, puis, incapables de rembourser, ils sont acculés à lui céder leurs terres, quand ils ne sont pas vendus comme esclaves : c'est le cas des misérables hectémores d'Athènes. Dans ce climat de rudes tensions, on a parfois recours à des législateurs, qui remettent de l'ordre, par accord entre les parties en présence : tel Solon, à Athènes, qui abolit les dettes, mais refuse la redistribution des biens fonciers. Parfois aussi, un tyran s'impose contre les aristocrates, s'appuyant par nécessité sur le *démos*, et se constituent même des dynasties tyranniques, qui gardent le pouvoir de génération en

Les frontons des temples sont les chefs-d'œuvre de la sculpture monumentale de l'extrême fin de l'archaïsme : ici, à Egine, Héraclès archer à l'armement sophistiqué.

génération, comme les Cypsélides à Corinthe. Législateurs et, surtout, tyrans profitent d'une interruption, passagère ou durable, des institutions régulières, qui expose la cité à toutes les convoitises et à toutes les violences.

Il est clair que l'évolution se fait en faveur d'une meilleure reconnaissance des droits du *démos*, surtout du *démos* aisé : Solon l'associe modestement au pouvoir et aux tribunaux. Elle se révèle particulièrement rapide à Athènes, où, dès la fin du VIe siècle, Clisthène peut ébranler l'emprise des riches sur les pauvres et créer les cadres d'une première démocratie; même si elle est très timide, elle constitue un moment capital dans l'histoire du peuple grec.

Les évolutions sont d'autant plus différentes que, dans certaines zones (Sparte, la Crète, la Thessalie...), la masse de la population est constituée de dépendants-paysans : ce ne sont point des esclaves, mais ils dépendent quasi totalement de la cité ou de maîtres privés. A Sparte, les hilotes sont mis à la disposition de chaque citoyen; ils exercent à eux seuls les activités rurales productrices et sont durement tenus dans le mépris et la contrainte. Dans l'ensemble, seules les régions doriennes connaissent des dépendants, qui représentent les anciennes populations autochtones submergées par la conquête dorienne.

Une civilisation de la pierre inscrite dans le rocher, dans le marbre, dans l'argile…

Ce tableau d'une noblesse classique évoque le vaste débat qui a abouti à la réforme de Solon dans une situation sociale des plus troublées.

De Sappho à Pythagore : l'allégresse de la création

Sans doute à la fin des Âges Sombres, les Grecs ont établi un système d'écriture directement tiré de l'alphabet consonantique des Phéniciens : il s'agit d'un alphabet au sens plein du terme, qui permet de noter aussi bien les voyelles que les consonnes, et l'on voit bien comment fonctionne le génie grec, qui améliore dans le sens de la rationalité tout ce qu'il emprunte. Contrairement aux syllabaires linéaires du millénaire précédent, il constitue un instrument d'analyse des sons non réservé à une élite de scribes, mais accessible à tous.

Il devient un moyen d'expression pour les fidèles, qui marquent ainsi leurs offrandes aux dieux, pour les écrivains, pour les marchands, pour tous les citoyens, même s'ils n'ont à livrer que leurs sentiments intimes (parmi les premiers textes figurent, gravées dans le roc, des exclamations amoureuses!). Ainsi naît une civilisation de la pierre inscrite, tandis qu'à la tradition orale des aèdes, mise en forme par les épopées du VIIIe siècle, succède une littérature écrite.

Un étonnant Hésiode jeune encouragé par une grande Muse ailée, symbole de son inspiration : la vision du très symbolique Gustave Moreau.

Une poésie diverse dominée par l'élan lyrique

Presque contemporain d'Homère, très proche de lui par la forme métrique, puisqu'il lui emprunte les nobles cadences du vers hexamétrique, Hésiode est pourtant très en avance par un souci constant de la rationalité. Il met de l'ordre dans le monde atomisé des dieux et dans l'obscure existence du paysan béotien : cette œuvre didactique s'adressant à des générations qui veulent comprendre leur insertion dans le *cosmos* et dans la société.

Puis, c'est l'explosion du lyrisme, véhicule par excellence d'un message très novateur. Il traduit les émotions les plus personnelles, chante l'amour et la mort, les festins où le vin coule à flots, ou bien prend parti dans les luttes qui déchirent la cité, exprimant les haines les plus virulentes, comme la modération et le juste milieu. Sappho au front ceint de violettes, maîtresse d'un groupe allègre d'adolescentes à qui elle apprend l'art des couronnes, les lettres et la passion, symbolise le lyrisme personnel le plus délicat et le plus savant; Théognis hurle ses mépris et ses colères; Solon joue au sage serein au milieu des querelles qui divisent Athènes. Simultanément se développe un lyrisme choral où s'exhale l'âme de la cité tout entière, lors des cérémonies religieuses en l'honneur des dieux et des héros.

Qu'il s'agisse des cantates héroïques ou des festivités dionysiaques, c'est du lyrisme choral que naît un genre nouveau, la tragédie. Elle met en action les malheurs des héros des temps anciens et est un excellent instrument de réflexion et d'analyse pour le *démos,* qui, dans les grandes liturgies tragiques organisées par la cité, se purge peut-être de ses passions, comme le voudra Aristote, et, en tout cas, médite sur l'exercice du pouvoir, à telle enseigne que la démocratie est en partie fille de la tragédie. Un peu plus tard, apparaît la comédie, genre bouffon et parfois ordurier qui, dans une atmosphère dionysiaque, ne laisse toutefois pas de faire réfléchir son public campagnard ou urbain.

Le masque est un instrument fondamental des acteurs tragiques et comiques par la distanciation bien régulée qu'il crée.

Mathématique et métaphysique

Les mathématiciens-philosophes d'Asie Mineure et d'Occident témoignent eux aussi d'une rationalité nouvelle. Le mouvement débute en Ionie à la fin du VIIe siècle avec Thalès, dont la double orientation, métaphysique et mathématique, est manifeste. Les penseurs de l'école de Milet (on les appelle d'abord des «sages», *sophoi*) recherchent le principe premier qui anime l'univers et dirige son processus de développement, en même temps qu'ils jettent les bases d'une mathématique rationnelle. Sans toujours y réussir, ils s'éloignent à grands pas des explications mythologiques du cosmos qui prévalaient depuis des millénaires, en mettant au premier plan la quête d'une *physis* (littéralement : une «nature», en fait un principe d'explication). Créant un cadre abstrait de l'univers grâce à une mathématique qui récuse tout empirisme, ils font succéder le géomètre à

La puissance de la musique créatrice de mouvement, d'émotion, d'harmonie éclate dans ce citharède. On sait que , pour les Grecs, musique et gymnastique représentaient les bases de la culture.

l'arpenteur, l'astronome à l'astrologue. Nul ne peut nier l'influence que les spéculations de l'Orient ont exercée sur eux, mais ils les transcendent dans un effort totalement novateur.

Les processions s'avancent, dans une cadence sereine réglée par la flûte, pour l'offrande du sacrifice.

Quittant l'Asie, Pythagore s'installe en Grande-Grèce (sud de l'Italie) et y fonde une école de pensée brillante, qui fait progresser les mathématiques, mais aussi la science politique, à laquelle le philosophe

Cette scène de funérailles sur un vase à figures noires, montre la profonde évolution de l'art depuis les représentations similaires des vases géométriques.

tente de donner un fondement géométrique; il n'élimine pas pour autant la quête mystique d'un état de pureté obtenu par de strictes observances comme par la réflexion.

La religion au sein des tempêtes du politique

Dans ces cités, où le religieux est homogène au politique et à l'économique, les évolutions de la religion sont d'un grand intérêt. Ici tout est contradiction et richesse profuse : la genèse de la cité s'est faite par la réorganisation du panthéon autour de cultes poliades très anciens, en même temps que les aristocrates multipliaient les liturgies en l'honneur des ancêtres héroïques dont la célébration accroissait d'autant leur prestige. Mais de vastes mouvements agitent le *démos*, qui veut voir célébrer aux frais de l'Etat les cérémonies immémoriales dédiées aux

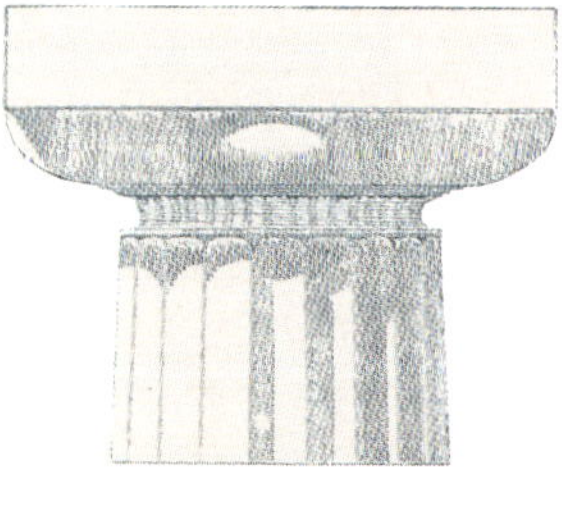

Les formes, vite devenues canoniques, des chapiteaux constituent une grammaire des styles, qui régule sans empêcher la fantaisie créatrice. Ici, des chapiteaux dorique et ionique.

divinités de Fécondité/Fertilité auxquelles il est profondément attaché. Ces revendications sont peu à peu satisfaites, notamment en ce qui concerne Dionysos d'une part, Déméter et Coré de l'autre; obligés de tenir compte des aspirations populaires, les tyrans sont les plus actifs en ce domaine.

Les constructions religieuses connaissent alors un essor spectaculaire en raison du dynamisme des cités. Les enceintes panhelléniques, lieux de rencontre propices aux réconciliations momentanées entre les Grecs, prennent la première place, notamment à Olympie et à Delphes, mais les cités aussi offrent aux dieux de beaux sanctuaires, où les offrandes de trésors et de consécrations se multiplient; l'Acropole d'Athènes, sans cesse enrichie d'édifices ou de décors nouveaux au cours des VIIe et VIe siècles, en est un excellent exemple.

L'architecture religieuse figure parmi les grandes innovations de ces temps archaïques. Le temple prend des formes canoniques, héritées peut-être partiellement des palais achéens, et qui subissent aussi fortement l'influence de l'Orient. Les architectes codifient ces éléments en distinguant des ordres – dorique, ionique, éolique – qui sont comme une grammaire de styles. Ils entourent le temple de colonnes, sur les quatre côtés, créant ainsi des édifices périptères auxquels on ne connaît pas d'antécédents. Pour l'orner dignement, les sculpteurs inventent ou renouvellent le décor des frises, des frontons, des acrotères, susceptible de délivrer un message iconographique complexe. Une puissante créativité est à l'œuvre, qui fixe pour des siècles les normes des édifices sacrés où s'opèrent les médiations entre hommes et surnaturel.

Bien en chair et sensuelle, cette *koré* boudeuse est un chef-d'œuvre de la fin de l'archaïsme attique, dans la suite d'une longue tradition de la statuaire féminine.

Les concours panhelléniques

Les concours athlétiques ou hippiques représentent une part déterminante de la religion, parce qu'ils sont en liaison avec les cultes les plus anciens des forces de la terre et qu'ils permettent des rapprochements fructueux entre les hommes sur le plan culturel. Ils sont aussi une source d'inspiration prodigieuse pour les artistes : au flanc d'un vase, les jeux funèbres en l'honneur de Patrocle.

La gymnastique

Les jeunes gens s'exercent à la lutte dans la palestre, sous la direction d'un maître de gymnastique. Toujours un hymne à la beauté des corps en action.

Les figures de proue de l'archaïsme

L'archaïsme est une époque marquée par de puissantes personnalités : celles des législateurs et des tyrans qui dominent la vie politique, celles aussi de poètes comme Hésiode, à la fois paysan besogneux près de ses sous et poète génialement inspiré, celles enfin des philosophes qui illustrent l'école de Milet ou, à Crotone, celle de Pythagore, cet étrange personnage, ce mage inquiétant qui se révèle en même temps capable d'envisager une mathématisation radicale de l'univers. C'est une période de talents et de novateurs hardis qui savent créer sans rompre avec le passé des Hellènes...

Les dernières années du IXe siècle voient la fin de l'autarcie; partout des Grecs se lancent à nouveau sur les flots

Vers 810 des hommes d'Eubée et des Cyclades s'installent à l'embouchure de l'Oronte sur le site dit d'Al Mina (le nom ancien est contesté) : les produits

Les navires sont une grande source d'inspiration pour les artistes, dans une culture où prédominent les échanges maritimes et où l'un des noms de la mer est *pontos* (le pont qui réunit les hommes). Les navires de guerre se différencient des bâtiments de commerce par une forme plus effilée. Les progrès sont rapides : invention de l'éperon, qui transforme la technique du combat naval et superposition de plusieurs rangs de rameurs, qui accroît la vitesse du navire et sa puissance offensive. On distingue deux modèles principaux : le pentécontore (cinquante rameurs) et le triacontore (trente rameurs), ci-dessous.

Les peseurs surveillent, attentifs, assis tranquillement sur leur tabouret, la justesse de l'opération. Traduction des échanges mercantiles qui sont la base de l'économie grecque, mais aussi symbole de tout ce qui est échange et équilibre dans la pensée hellénique.

qu'ils importent dans ce petit royaume néo-hittite du nord de la côte syrienne – notamment de beaux vases de style géométrique – remontent le fleuve bien au-delà de son coude et parviennent jusqu'en Mésopotamie. Au reste, Al Mina n'est pas isolée et l'on a fouillé

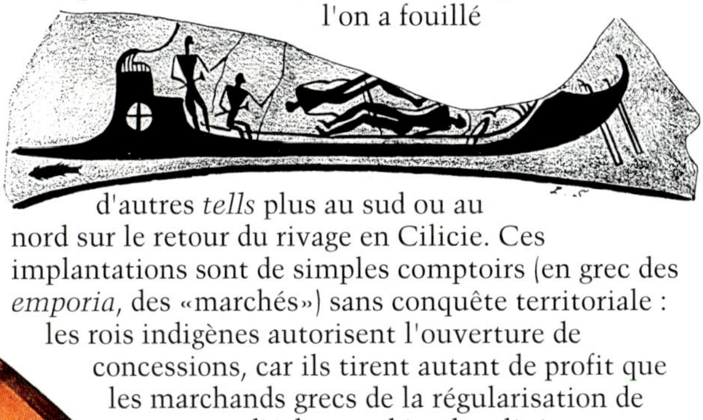

d'autres *tells* plus au sud ou au nord sur le retour du rivage en Cilicie. Ces implantations sont de simples comptoirs (en grec des *emporia*, des «marchés») sans conquête territoriale : les rois indigènes autorisent l'ouverture de concessions, car ils tirent autant de profit que les marchands grecs de la régularisation de courants d'échanges bien localisés.

Cependant d'autres navigateurs commencent à sillonner la Méditerranée centrale, sur la trace des marins mycéniens, et développent des activités marchandes dans un climat de rude concurrence entre cités grecques. L'exploitation des

Barbares de l'Occident – dont le niveau économique et culturel est assez élevé pour qu'il y ait échange et même imitation locale des vases grecs – est la source de considérables profits.

Cette phase de reconnaissances marchandes – de commerce précolonial, dit-on souvent – dure au moins le temps d'une génération. La première installation d'un comptoir grec se fait, vers 750, aux Pithécousses, sur une île du golfe de Naples (Ischia) qui offre de bonnes conditions de sécurité, mais il faut attendre 730 pour voir apparaître la première fondation coloniale, à Cumes sur le continent.

Après de timides reconnaissances, l'élan colonial

L'expansion de la fin des Âges Sombres et du début de l'archaïsme rappelle les temps mycéniens : l'essor des communautés grecques permet, ou même implique, une large ouverture sur le monde méditerranéen. En Grèce, où les plaines sont étroites et le sol montagneux, les céréales viennent mal et encore récolte-t-on dix fois plus d'orge que de blé; il n'y a pas de gros bois d'œuvre; le sous-sol est très pauvre en minerai de cuivre et le minerai d'étain est inexistant. Mais on peut exporter le vin et l'huile – denrées de demi-luxe dont la production s'intensifie avec l'extension des cultures arbustives – ainsi que les fruits d'un artisanat très raffiné du métal, de la terre cuite, du textile. Se trouvent alors réunies toutes les composantes d'un

Le débarquement de Thésée et de ses compagnons, vieille légende de l'Athènes la plus ancienne se retrouve sur le vase François, cette Bible en images de la mythologie grecque!

équilibre qui est celui d'une expansion marchande.

L'essor démographique, corrélatif notamment d'une production agricole plus importante (la hache de fer permet de défricher les terres de bordure et de créer des vignobles et des olivettes), joue doublement en faveur de l'expansion. La force de travail se trouvant considérablement accrue, un important surproduit prêt à être échangé se dégage, tandis qu'un surcroît d'hommes peut entraîner la nécessité d'un exode vers les terres barbares.

Au cœur de la cité, les tensions sociales se résorbent parfois par l'expulsion ou l'exil d'une partie de la population. Tel est le cas des bâtards lacédémoniens nés pendant la première guerre de Messénie et qui, ne voulant plus supporter le poids du déshonneur, partent s'installer à Tarente. Ou encore, tel homme réputé indésirable prend la mer après avoir recruté des compagnons de fortune comme le Corinthien Archias, auteur d'un

Cette consultation de la Pythie à Delphes (à gauche) recrée l'atmosphère de sérénité et de paix qui est celle des oracles d'Apollon : la Pythie est toute concentrée pour entendre la voix de son dieu. Rien de violent, quoi qu'on en ait pensé, dans le mysticisme apollinien de Delphes.

meurtre, qui abandonne sa patrie pour aller fonder Syracuse.

Ce n'est d'ailleurs pas toujours de bon gré que l'on se résoud à partir. Ainsi, malgré les instructions formelles de l'oracle de Delphes, les gens de Théra refusent de se rendre en Libye pour y fonder Cyrène. Après avoir subi les redoutables punitions infligées par Apollon, ils doivent enfin se résoudre à l'exil africain, dont ils sont bientôt récompensés, puisque Cyrène devient un établissement très prospère.

Cet élan colonial est donc en partie le fruit des contradictions qui déchirent la cité; ce peut-être aussi l'horrible faim, génératrice de désespoir, et chantée par les lyriques, qui contraint au départ. L'expédition part sous l'autorité d'un fondateur (l'oikiste), et, très généralement, il faut conquérir des terres sur les indigènes pour s'installer. On répartit alors, par tirage

Une scène pathétique : les colons phocéens viennent de débarquer sur le site de la future Marseille; la fille du roi celte tend à un jeune Grec la coupe qui fait de lui son fiancé. Ainsi s'inaugure une politique de cohabitation pacifique entre colons et indigènes, qui est loin d'être le cas le plus général.

au sort, des lots de terre réputés égaux déterminés par le géomètre-arpenteur qui accompagne l'expédition, et l'on commence à bâtir une agglomération – autour de la motte de terre de la patrie que l'on a pris soin d'emporter – en installant d'abord les dieux dans un temple provisoire sur l'acropole, autour de laquelle s'organise la vie des colons.

Cette scène de violence dans le monde des dieux orne les métopes des temples; ici, à Sélinonte, le bouillant Héraclès cherche à arracher le trépied de Delphes à son demi-frère Apollon. Bien sûr ils se réconcilieront...

La colonie grecque : une cité indépendante

Aucun point commun avec la colonisation de l'époque contemporaine. C'est une cité indépendante que les colons fondent, même si les liens avec la métropole demeurent étroits sur le plan religieux et si les colonies d'une même ethnie restent souvent proches les unes des autres : il en est ainsi des établissements des Ioniens d'Eubée, véritables pionniers, ou de ceux de Syracuse et des autres cités doriennes. De même, les intérêts économiques dépassent parfois le cadre minime de chaque établissement et supposent des alliances, voire des réseaux : ainsi, Milet règne en maîtresse sur les colonies ioniennes du Pont-Euxin (mer Noire) ou Syracuse sur celles de la côte adriatique des Balkans.

La chronologie des fondations reste l'un des points les plus discutés. Sur le pourtour de la mer Noire, une première implantation coloniale disparaît sous la pression trop vigoureuse des Barbares, puis une deuxième apparaît sur les mêmes sites, suivie de nouvelles fondations. La Sicile et l'Italie du Sud (la Grande-Grèce) connaissent les premières fondations à partir de 730 (fondation de Cumes); la Thrace, la Propontide (mer de Marmara), le Pont un peu plus récemment, surtout sous une forme définitive; Marseille n'est fondée qu'en 600 et son expansion régionale est encore plus tardive. Le gros de l'effort de prise de possession des sites côtiers se situe entre 750

La Grande Grèce a généré un art colonial, un peu fruste, mais très puissant. La plastique monumentale est représentée avec éclat. A Sélinonte on peut suivre l'évolution depuis les essais fort gauches des «petites métopes» jusqu'à celles du temple C qui montrent un goût très théâtral du mouvement dramatique. Dans un style souvent inspiré de l'Ionie, les admirables métopes représentent des sujets mythologiques. Ici, Héraclès a saisi les nains Cercopes qui lui avaient fait des blagues et il les emporte tenus par les pieds.

et 550 : c'est un mélange de spontanéité, les premières fondations relevant encore de l'aventure périlleuse, et d'organisation concertée, on sait l'importance du rôle de Delphes dans la genèse du monde d'outre-mer.

Reste une ambiguïté concernant les fonctions de l'ensemble colonial. On a longtemps affirmé la nécessité de distinguer deux phases : l'une agraire, dont le but serait de conquérir de nouvelles terres à

blé et de répondre au problème de la disette; l'autre commerçante, dont la finalité essentielle serait l'échange. C'est un faux problème, car partout se fait sentir la nécessité de produire des ressources vivrières pour la survie du groupe, et ce sur une échelle assez large pour permettre aussi d'exporter vers la Grèce, où le blé colonial, acheté bon marché vu son abondance, est un élément important de l'alimentation. Mais l'exemple de la Sicile et de l'Italie méridionale est paradigmatique : les installations des Eubéens, qui se rendent les premiers maîtres des mers occidentales, se font en Campanie, zone, alors étrusque, de considérable développement, et sur le détroit de Messine, lieu de passage obligé vers la côte tyrrhénienne; il s'agit clairement d'un plan préconçu d'occupation des sites clés, qui permettent d'entretenir les rapports les plus aisés et les plus étroits avec les indigènes de la péninsule que leur niveau de développement rend avides des objets de luxe véhiculés par le commerce hellénique.

Typique encore des créations coloniales, une *koré* d'Occident, la chevelure traitée soigneusement en coquilles d'escargot, a le visage rayonnant du fameux «sourire archaïque».

En Occident, sur les traces d'Héraclès

Héraclès, héros national, était revenu par l'Italie et la Sicile en ramenant vers Mycènes les bœufs du triple Géryon : il avait ouvert des routes, fondé des cités et rendu mères des déesses ou des Nymphes innombrables. Il avait précédé marchands et colons et les confortait dans l'idée que, en s'implantant par la force chez les indigènes, ils ne faisaient que récupérer leur héritage.

Cette colonisation paraît désordonnée : une multitude de cités y participe, tant l'attrait de l'Occident est considérable. On distingue, en

Les travaux d'Héraclès sont une source de l'inépuisable inspiration des Anciens et des Modernes.

simplifiant à l'extrême, trois pôles moteurs : les Ioniens d'Eubée installés en Campanie et sur le détroit de Messine; les Doriens de Mégare et de Corinthe, qui, presque en même temps, colonisent Mégara Hyblaia et Syracuse; enfin les Achéens du Péloponnèse septentrional, implantés sur le golfe de Tarente. Mais il ne faut pas oublier des créations importantes, comme celle de Tarente due aux Spartiates. Les cas ne sont, en outre, pas rares de sous-colonies fondées par des cités déjà coloniales, ce qui marque l'attirance très vive pour d'autres sites où essaimer pour multiplier les chances de réussir et de s'enrichir.

La conquête entraîne parfois la réduction en dépendance des populations antérieures, qui perdent non seulement leur autonomie et leurs biens, mais leur liberté : c'est le cas des Pélasges en Italie du Sud et des Cyllyriens de Syracuse, dont la condition ressemble à celle des hilotes de Sparte. Les terres, bien plus fertiles qu'en Grèce, produisent en abondance des céréales, et les échanges se développent sur une vaste échelle.

Le banquet est l'acte social par excellence, qu'il s'agisse d'un banquet philosophique comme celui de Platon ou de cette scène de mythologie empruntée à la geste d'Héraclès.

Dans le monde prospère et dynamique de l'Occident colonial, les réalisations culturelles sont remarquables

Les lettres connaissent un éclat prodigieux avec Stésichore d'Himère, le plus grand lyrique de l'archaïsme, chantre infatigable des mythes et surtout des mythes occidentaux. Dans les sanctuaires se multiplient les constructions en l'honneur des dieux : dans les vastes enceintes de Poseidonia en Lucanie (future Paestum), de Sélinonte ou d'Agrigente en Sicile, s'édifient de véritables terrasses plantées de temples, parfois colossaux comme en Asie Mineure. L'intensité du vécu religieux étonne : les forces de la vie sont les plus vénérées, souvent sous forme de mystères qui se déroulent dans des édifices fermés au regard des profanes; une révérence particulière se marque pour les philosophies d'inspiration mystique comme le pythagorisme. L'influence indigène demeure toutefois considérable, ce qui explique que

La terrasse des temples à Agrigente, dont le temple «de la Concorde» est le plus beau joyau, est une magnifique offrande faite aux dieux de Sicile, haut-lieu de la Grande Grèce.

Au fond d'une coupe, le bateau emporte Dionysos, le dieu de toutes les extases.

les vieilles déités de la Terre et des Enfers soient si aisément interprétées en Héra, en Italie, en Déméter et Coré, en Sicile.

L'hellénisme connaît dans l'Occident italien quelques-unes de ses plus grandes réussites. On a pu parler sans excès d'un «nouveau monde», qui vit largement, dépensant beaucoup pour ses plaisirs, un monde de parvenus livré aux délices de ce que les Grecs appellent *tryphé*, mot intraduisible qui connote des idées de mollesse, de luxe un peu ostentatoire, de débauche, de tendresse efféminée, non sans quelque délicatesse et utilisé pour qualifier les Grecs d'Ionie ou d'Occident... Mais il serait injuste d'oublier les grandes réalisations culturelles et le dynamisme de ces colons grecs qui valut à l'Italie du Sud d'être appelée Grande-Grèce : une Grèce plus grande que la Grèce, aux vastes horizons, aux créations grandioses.

La mer Noire : une mer grecque

C'est un monde très différent que celui des colons de la mer Noire, un peu plus tardif, moins brillant dans ses réalisations et beaucoup plus menacé par les Barbares, avec lesquels il leur faut parfois composer. On y trouve en revanche beaucoup plus d'unité dans l'expansion : sur les détroits, Mégare et Milet se disputent les sites les plus intéressants, qui donnent accès à une mer où les conditions de navigation sont difficiles; sur le Pont, Milet et plus généralement les cités d'Ionie jouissent d'un quasi-monopole, à de rares exceptions près, comme Héraclée, fondée par Mégare. On note une concentration exceptionnelle sur la côte nord, en rapport avec les embouchures des grands fleuves qui fournissent

Une jolie gravure réunit les principaux éléments du culte de Cybèle : offrandes de fruits sur un autel, musique agreste.

La déesse Cybèle joue du tympanon, son instrument de musique préféré. La Grande Mère des dieux avait pénétré de Phrygie dans l'Asie grecque, puis en Grèce dès le VIe siècle dans le panthéon hellénique. Dès cette date, un temple lui est dédié sur l'Agora. Pindare chante poétiquement ses liturgies nocturnes et les chœurs de jeunes filles qui la célèbrent avec Pan et les Nymphes.

d'incomparables voies de pénétration (cas typique, celui d'Olbia, la plus importante de ces colonies, sur le liman du Boug et du Dniestr), en Crimée et sur le détroit de Kertsch. Tout à fait à l'est, trois petits comptoirs, sur les dernières pentes du Caucase, entretiennent d'importantes relations d'échange avec le puissant royaume de Colchide, dont les richesses minières sont inestimables.

Le Pont est en effet fournisseur de minerais sur presque toutes ses rives. Les Balkans ont leurs débouchés dans les colonies de la côte ouest, ainsi que sur la côte thrace égéenne ou sur les rivages adriatiques. L'or arrive au terme d'un immense cheminement depuis les confins les plus lointains de la Sibérie. Mais les ressources vivrières ne sont pas moins recherchées, qu'il s'agisse des poissons des fleuves et de la mer, ou du blé largement produit par les Scythes de la steppe.

C'est sans doute, dans l'ensemble, un monde plus barbare que celui de l'Occident, plus menacé par les vastes mouvements qui agitent l'*hinterland* steppique, mais il joue un rôle prépondérant dans l'équilibre économique des métropoles et de l'Hellade tout entière, et les processus d'acculturation ne doivent

pas y être négligés : Anacharsis le Scythe est compté au nombre des sept sages de la Grèce, où il fit maints séjours; mais ce métis culturel mourut assassiné pour avoir voulu introduire le culte grec de Cybèle, la Grande Mère.

La fondation de Marseille par des Phocéens, vers 600, ouvre de nouvelles possibilités d'échanges

Marseille est un port très actif, où aboutissent les grandes routes des minerais, en particulier celle de

Cette princesse ibérique somptueusement parée incarne bien, avec son sourire énigmatique, la rencontre en Espagne de la culture grecque avec celles des Ibères et des Carthaginois.

l'étain des îles Cassitérides (Bretagne française et Cornouailles britanniques). Son influence s'exerce en profondeur le long du rivage méditerranéen, comme sur l'axe Rhône-Saône-Seine. La fondation de sous-colonies permet une plus large exploitation des terres de l'Extrême-Occident, souvent considérées par les Grecs comme un Eldorado : ce sont Antibes, Arles, Agde surtout au débouché de l'Hérault. Emporion en Espagne est bâtie sur un site exceptionnel où débouchent les ressources de la péninsule ibérique, autre terre riche en métaux.

C'est une autre princesse, celte celle-là, a été retrouvée à Vix en Côte-d'or. Elle est partie pour son éternité avec cet admirable vase de bronze et ce serre-tête en or massif offerts par les marchands grecs. Symboles des échanges des Grecs de Marseille avec là Gaule profonde et la Grande-Bretagne, sur le trajet de l'étain, nécessaire pour la fabrication du bronze. Mais la princesse garde dans son tombeau bien des éléments celtiques, comme le char qui doit l'emporter vers son au-delà bienheureux.

La colonisation : une entreprise d'export-import

A l'exemple phocéen d'Occident, on peut ajouter le cas des établissements grecs d'Afrique, la colonie de Cyrène, en Libye, et l'entrepôt de Naucratis, en Egypte, qui médiatisent les rapports avec les profondeurs d'un continent pourvoyeur d'or, d'objets de haut luxe et d'esclaves. La colonisation apparaît ainsi comme la mise en œuvre d'un vaste plan, en extension constante, où les fondations servent de relais aux échanges entre les métropoles et les Barbares : c'est l'*emporia*, comme disaient les Grecs (le grand commerce mené par les *emporoi*, les armateurs et marchands en gros).

Métaphore de l'*emporia*, telle est la tombe de la princesse celtique exhumée à Vix en Côte-d'Or : elle repose, avec le char qui doit l'emmener vers l'au-delà, la tête ceinte d'un somptueux diadème en or massif; à côté d'elle, un cratère de bronze, le plus grand et le plus beau des vases grecs archaïques. Sur la route terrestre qui relie la vallée de la Saône à celle de la Seine, cette sépulture évoque le trafic de l'étain, les droits de péage que les princes gaulois prélèvent sur les marchands, les cadeaux diplomatiques que les Marseillais doivent offrir en tribut. Etonnante sépulture où les pratiques celtiques du char d'éternité voisinent avec des objets grecs parmi les plus prestigieux, et cela en pleine barbarie profonde...

ϹΩΚΡΑΤΗϹ

A la fin du VIe siècle, la Grèce connaît une première forme de démocratie. Mais cet élan progressiste, né dans l'Athènes de Clisthène, se heurte à une redoutable épreuve extérieure – les attaques des Grands Rois de Perse, Darius et Xerxès – et à la rivalité chronique entre cités grecques.

CHAPITRE III

L'ÉQUILIBRE CLASSIQUE : RÉALITÉ ET UTOPIES

A travers l'enseignement et Socrate, une éducation (*paideia*) nouvelle se met en place, touchant d'une manière ou d'une autre toutes les couches de la société.

On sait l'importance de la Perse dans la vie des Grecs, des guerres médiques à cette sorte d'asservissement diplomatique qui nuit tant aux cités du IVe siècle. Rien d'étonnant donc à ce qu'apparaissent des "vases perses". Mais il y a aussi dans la céramique un goût nouveau quasi ethnographique, dans le style des récits d'Hérodote. C'est le cas du vase de Darius (à gauche) où est évoquée l'atmosphère de la cour, ou du vase ci-dessous qui représente le combat paradigmatique du Grec et du Mède .

En 490, Darius envoie une armada pour demander la soumission des Grecs. Celle-là se brise, à Marathon où elle a débarqué, sur la résistance farouche des Athéniens, qui sont pratiquement les seuls à lutter contre l'envahisseur. C'est le début des guerres médiques

Pourquoi le Grand Roi a-t-il pris l'offensive? La guerre apparaît comme l'ultime aboutissement d'une politique d'intervention et de conquête qu'il a déjà menée en Thrace, en Scythie et en Macédoine. La Grèce, plus au sud, doit se soumettre à son autorité,

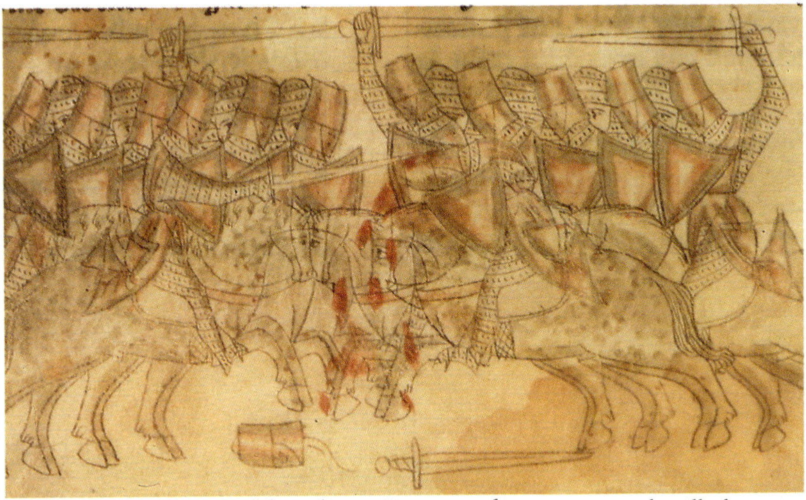

d'autant que ces Grecs libres l'inquiètent par le mauvais exemple qu'ils donnent à leurs frères d'Asie, durement intégrés dans ses possessions; telle a été la leçon de la révolte de l'Ionie en 499. Estimant que le rapport des forces lui est éminemment favorable, il ne tient pas assez compte du farouche attachement des Grecs à leur indépendance.

Marathon n'est qu'un petit insuccès, au reste intolérable aux yeux de Darius, qui se fait répéter tous les jours par son majordome : «Souviens-toi des Athéniens.» La mort l'empêche toutefois de mener une seconde expédition et c'est son fils Xerxès qui s'en charge, bien décidé à en finir, si l'on en juge par le nombre d'hommes et de vaisseaux qu'il mobilise pour ces opérations, dont il prend lui-même la tête. Il remporte d'abord des victoires, notamment aux Thermopyles, où la fleur de la jeunesse lacédémonienne est fauchée, et à Athènes, qui, abandonnée par ses habitants, tombe entre ses mains. Mais il se heurte à Thémistocle, un Athénien génialement fourbe, qui persuade ses concitoyens de renoncer à défendre Athènes et de combattre sur mer : sa politique est couronnée d'un plein succès à Salamine (480), où la flotte des Grecs confédérés contre le Barbare – seules trente et une cités n'avaient

La bataille de Marathon, qui voit la victoire des Grecs sur les Perses, est le thème de l'enluminure de ce manuscrit français du XIIIe siècle. Bien sûr, dans cet affrontement de deux groupes de cavaliers, armés comme des chevaliers du Moyen Âge, on ne recherchera rien qui évoque la grande victoire des Athéniens sur les Perses en 490.

Les Thermopyles (480) ne furent sans doute qu'une diversion : le petit contingent de Spartiates ne pouvait barrer le passage aux formidables combattants perses. David a rendu avec vigueur cette scène fameuse, pleine de dignité, où les hoplites lacédémoniens se préparent à mourir jusqu'au dernier pour leur patrie, sous la conduite de Léonidas, dont on peut sans doute voir, ci-dessus, un buste d'un réalisme brutal.

pas accepté de se soumettre – anéantit la marine perse. Xerxès ulcéré regagne l'Asie et ses troupes sont à nouveau défaites, sur terre cette fois, à Platées (479). Les Grecs poursuivent les vaincus en Asie et les expulsent des terres grecques, mais la guerre s'achève sans sanction diplomatique : il faudra attendre trente ans pour qu'un traité de paix soit signé (paix de Callias).

L'empire d'Athènes

Athènes est la grande bénéficiaire d'une victoire à laquelle elle a tant participé. Devançant Sparte qui hésite, elle se hisse au premier plan et fédère les cités grecques d'Asie, délivrées de la lourde tutelle perse, et celles de l'Archipel : c'est la ligue de Délos, une ligue défensive qui a son siège dans l'île sainte de Délos, sanctuaire commun de tous les Ioniens; les alliés prêtent le serment de rester unis jusqu'à ce que remontent les masses de fer jetées à la mer! Athènes dispose de l'hégémonie, c'est-à-dire de la direction des opérations, mais, très rapidement, outrepassant son rôle et ses droits, elle transforme en empire ce qui n'était qu'une confédération fondée sur des adhésions volontaires. En 454, elle ose transporter le trésor commun de Délos à Athènes, où il est confié, sur l'Acropole, à la garde d'Athéna. Des mesures sévères sont prises; elles ôtent, en fait, toute liberté aux cités, qui portent toujours le titre d'alliées, alors qu'elles sont durement soumises et que toute révolte est châtiée les armes à la main. La ligue de Délos fait place à l'Empire athénien. En 449, la paix est signée avec le Grand Roi, proclamant la liberté des Grecs d'Asie, mais les Athéniens continuent à exploiter sévèrement leurs sujets, qui doivent fournir un

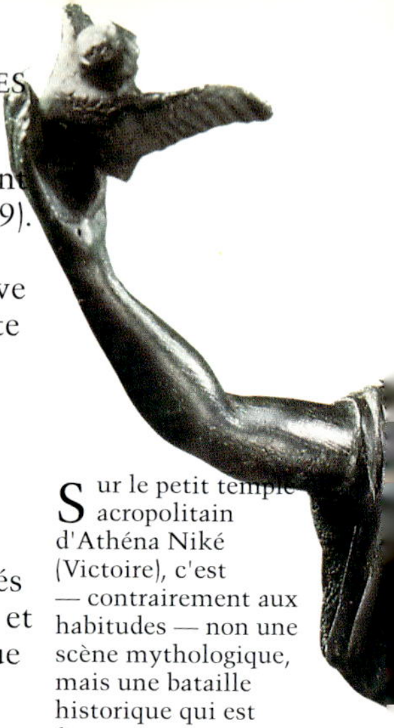

Sur le petit temple acropolitain d'Athéna Niké (Victoire), c'est — contrairement aux habitudes — non une scène mythologique, mais une bataille historique qui est figurée. Grecs et Perses s'affrontent à Platées (479) considéré comme le dernier grand combat de la seconde guerre médique et qui chasse le Perse du sol de la Grèce.

Une force étonnante se dégage de cette Athéna, même si le petit bronze n'est qu'une copie d'une œuvre prestigieuse de Phidias, concepteur et sculpteur de l'Acropole de Périclès. C'est bien ainsi que les Athéniens imaginaient leur divine patronne.

contingent de trières et/ou une contribution en argent, perçue sans aucun ménagement.

D'une guerre à l'autre : la guerre du Péloponnèse

Il existe ainsi une tension très vive dans l'empire d'Athènes, surtout quand il s'agit de grandes cités prospères qui ne supportent pas leur sujétion, d'autant que les Athéniens agissent avec un extraordinaire cynisme.

Mais les relations se tendent aussi avec les grands Etats du Péloponnèse – Sparte notamment –, Mégare et Egine, et des conflits sporadiques éclatent jusqu'à ce qu'une paix de compromis soit conclue avec Sparte en 446.

Athènes est alors maîtresse de l'Egée. Elle le reste jusqu'en 431, date qui marque le début d'un gigantesque conflit, la guerre du Péloponnèse, qui dure près de trente ans. A plusieurs reprises, Athènes agit sans aucun ménagement, heurtant de plein fouet et avec arrogance Corinthe et Mégare dont les intérêts économiques s'opposent aux siens et

Lorsque les Athéniens y installent le trésor de la confédération qui vient de se former contre le Perse, Délos n'est point encore la riche ville cosmopolite, centre de tous les trafics entre l'Ionie et l'Italie, qu'elle deviendra à l'époque hellénistique. Berceau des divins jumeaux, Apollon et Artémis, cette île est alors essentiellement religieuse.

qui décident finalement Sparte à agir de concert avec elles : elles veulent se défendre, pendant qu'il est encore temps, contre l'impérialisme intransigeant de leur puissante rivale.

Ce sont donc deux blocs qui s'affrontent : d'un côté Athènes la démocrate, forte surtout de sa flotte et de l'emprise qu'elle exerce sur ses «alliées»; de l'autre, les cités aristocratiques du Péloponnèse, qui font davantage confiance à leur infanterie d'hoplites. Le cours de la guerre est difficile à suivre, en raison de l'extension croissante des lieux d'affrontement. Première étape : des succès de part et d'autre et finalement la paix de 421, où l'on revient au *statu quo antea*. Mais, en 415, les Athéniens commettent la folie de répondre à des cités siciliennes qui sollicitent leur aide contre leurs voisines : devant Syracuse, la flotte des Athéniens est anéantie et leurs troupes massacrées ou réduites en esclavage. Athènes a subi des pertes humaines irréparables, mais, durant neuf années, elle se raidit encore contre l'étouffement. Tout l'empire faisant défection, elle est finalement vaincue et humiliée, elle doit livrer ses vaisseaux et abattre ses fortifications en 404.

Les combats mythiques, ou élevés à la hauteur du mythe comme ceux de l'*Iliade*, sont bien souvent représentés par les artistes. Ils symbolisent les affrontements entre cités qui ont si durement marqué la civilisation grecque où la guerre est endémique et où la paix n'est jamais qu'une trêve.

La fin de l'indépendance grecque et les rapports de force au IVe siècle

Il est assez facile d'analyser le Ve siècle et le choc frontal de deux impérialismes qui s'opposent depuis le consensus relatif des guerres médiques. Mais au IVe siècle, la situation se complique. Les rapports de force

changent sans cesse, les alliances aussi; le Grand Roi ose intervenir à nouveau en Grèce, comme s'il était le maître de la diplomatie. Ruine, honte et lassitude sont la résultante de ces luttes fratricides qui s'étendent sur cinquante ans.

C'est aux latomies (carrières) qui avoisinent la ville de Syracuse que furent enfermés les Athéniens après la terrible défaite qui venait de leur être infligée par les Syracusains et leurs alliés. Le plus grand nombre d'entre eux y périt de faim, de soif, du manque d'hygiène. Pour leur patrie ce fut le commencement de la fin.

La force d'Athènes est dans sa marine, essentiellement constituée de trières, ces croiseurs fins et rapides dont la force de propulsion est donnée par trois rangs de rameurs. Athènes en avait plusieurs centaines prêtes à appareiller pour intervenir au loin.

Sparte tire d'abord un éclatant profit de sa victoire. Toutefois, elle en use mal : elle écrase les cités du poids de ses garnisons et, surtout, en 386, elle conclut avec le Perse la Paix du Roi, honteux pendant du glorieux traité de 449. Mais son hégémonie dure peu : un brusque changement d'équilibre dû à la victoire militaire des Thébains à Leuctres (371) porte un coup terrible à sa domination.

En même temps Athènes, qui n'a pas été définitivement brisée par sa capitulation de 404, se relève et réussit même à regrouper autour d'elle une «seconde confédération», qui offre aux participants une autonomie mieux garantie qu'au siècle précédent et dont Sparte elle-même doit reconnaître l'existence.

Leuctres est le point de départ d'une nouvelle époque : Thèbes, une cité de moyenne importance, trouve un guide en la personne d'Epaminondas, un homme aux très vastes vues qui sait galvaniser toutes les énergies. C'est le début d'une hégémonie thébaine de neuf ans, qui prend fin lors de la gigantesque bataille de Mantinée (362), où se retrouvent, dans un camp ou dans l'autre, presque toutes les cités d'une certaine importance et où Epaminondas meurt dans la mêlée.

Athènes semble rester seule en lice, mais de nouvelles maladresses lui font perdre ses alliés de la seconde confédération, son échec est définitivement scellé par le traité que lui impose le nouveau Grand Roi, Artaxerxès III, en 335. A cette date, Philippe II vient de monter sur le trône de Macédoine et menace à son tour l'indépendance des cités grecques. Ruinées, épuisées par un siècle de guerre et recherchant surtout des satisfactions immédiates, elles ne pourront résister à l'ardeur du roi et elles se donneront à Philippe II, puis à son fils Alexandre le Grand.

Ci-dessus, un peigne en or trouvé dans un *kourgame* (tombe scythe en tumulus, telle qu'on en trouve en abondance dans les steppes pontiques) témoignant d'un art gréco-scythe.

Aux Ve et IVe siècles, le monde colonial demeure bien vivant, mais l'opposition entre Athènes et Sparte reste le meilleur exemple de sa diversité

On a coutume de mettre l'accent sur les deux cités antithétiques, Athènes et Sparte, non sans connotations empruntées à l'histoire contemporaine. C'est une injustice. Le monde colonial d'Occident connaît alors son apogée, bien que peu à peu s'accumulent les menaces des Barbares prophétisées par Platon. Il est signifiant que la rhétorique, voire la comédie, aient en Sicile des racines si profondes, que les sanctuaires de la double acropole de Sélinonte ou de la terrasse des temples d'Agrigente soient dans le monde grec parmi les plus beaux, les plus riches, parfois les plus émouvants par leur décor.
L'hellénisme des confins a lui aussi ses réussites : sur la mer Noire notamment, se crée en 480 un royaume du Bosphore cimmérien (détroit de Kertsch) appelé à un grand avenir et dont l'orfèvrerie mixte, gréco-scythe, produit des chefs-d'œuvre de ciselure et de toreutique; mais également à Marseille, un peu

Le tombeau des rois de Macédoine à Vergina a livré un magnifique matériel funéraire. Sans doute cet ivoire (en haut à gauche) représente-t-il Philippe II, dont les entreprises ont changé le sens de l'histoire des Balkans et de la Grèce. Ci-dessus, le monument des Néréides à Xanthos de Lycie, l'un des plus fameux tombeaux monumentaux du IVe siècle, comporte des scènes de guerre, peut-être symboliques, dont ce siège d'une ville.

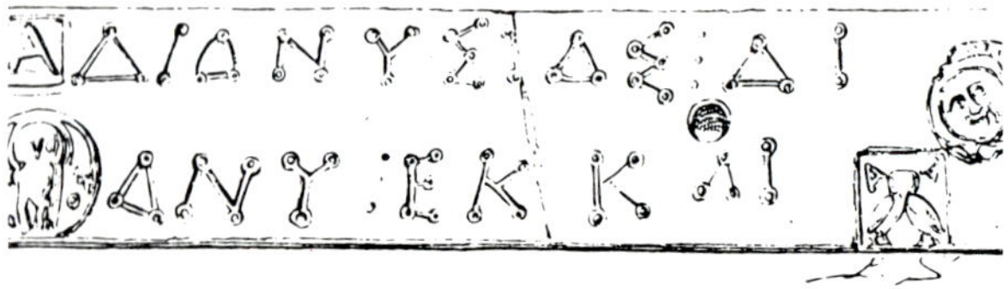

Témoignage de la vie civique : ci-contre, des bulletins d'héliastes, ces juges tirés au sort, qui formaient l'*Héliée*, le tribunal populaire dont la création a constitué un grand progrès démocratique.

assoupie au Ve siècle, mais qui, dans une meilleure conjoncture du monde celtique de l'*hinterland*, récupère son énergie au IVe siècle et fonde de nouveaux comptoirs sur la côte provençale. Faute de pouvoir évoquer mieux le monde si riche, si divers, de la colonisation, mieux vaut s'arrêter sur le couple paradigmatique d'Athènes et de Sparte.

Athènes et les embarras de la démocratie

Le peuple athénien n'a cessé d'augmenter ses pouvoirs depuis Solon le législateur qui, au début du VIe siècle, a créé de nouvelles institutions, un conseil émanant de l'assemblée, des tribunaux largement ouverts. La tyrannie de Pisistrate a ensuite élargi l'assise sociale du pouvoir et Clisthène a favorisé l'expression de toutes les opinions (*iségoria*, « droit égal à la parole ») et amélioré l'organisation des activités du conseil et de ses dix composantes, les prytanies.

Tout cela reste assez théorique et il faut attendre le milieu du Ve siècle pour que soient accomplies, par Périclès, les ultimes réformes institutionnelles nécessaires, notamment la misthophorie, qui consiste à rétribuer l'exercice de la plupart des fonctions publiques; les plus pauvres peuvent ainsi, grâce à cette rémunération (le *misthos*), remplir leur mandat ou leur charge. Cette volonté formelle d'intéresser tout le corps civique à la gestion de l'Etat s'étend désormais aux marins, aux soldats et aux cavaliers qui reçoivent eux aussi une solde. Le droit de cité devient un métier.

Des décisions concrètes renforcent ces réformes : Périclès met en place une politique de grands travaux

Ci-dessus, des tessons sur lesquels les citoyens votaient l'ostracisme : expulsion d'un citoyen réputé dangereux pour la cité.

à la fois pour embellir la ville, multiplier les festivités et procurer du travail à tous. Les différents *misthoi* (salaires, ou indemnités, ou soldes, selon les cas) permettent une relative aisance, sans laquelle il n'y aurait pas d'exercice possible des droits que la démocratie reconnaît aux citoyens.

L'assemblée du peuple est au cœur du système comme le rouage essentiel : « elle est souveraine sur toutes les questions », dira Aristote. Le conseil (la *boulé*) est tiré au sort en son sein et c'est elle qui désigne et surveille de près les magistrats. C'est une assemblée nombreuse, mouvante, composée d'hommes sans formation politique, capable de regretter presque aussitôt les décisions prises, soumise à ceux qui savent parler et flatter. En outre, le corps civique est réduit, les femmes des citoyens en sont bien sûr exclues, tout comme les étrangers (métèques), même domiciliés depuis des générations. La démocratie athénienne, pourtant la plus avancée de toute l'Hellade, est réduite et limitée, mais c'est la première fois qu'un peuple est appelé, en toute légalité institutionnelle, à prendre en main son destin, à décider selon sa conscience et ses intérêts,

Cette machine sert à répartir les membres de la *boulé* (le conseil émanant de l'assemblée du peuple) qui feront partie des diverses commissions de travail. Ci-dessous, Périclès, ceint de son casque de stratège, domine de très haut une démocratie dont il a largement contribué à créer les rouages, notamment grâce à la misthophorie.

en admettant comme recours suprême la loi de la majorité.

La politique de l'assemblée vaut au fond ce que valent ses guides, les démagogues («conducteurs du peuple»). Périclès la domine pendant près de trente ans, sachant toujours suggérer au *démos* de sages résolutions et l'entraînant à mener une politique suivie et constructive. Thucydide dit, non sans cynisme, qu'«en apparence c'était la démocratie, en réalité le gouvernement d'un seul». Après la mort de Périclès, n'ayant plus de conseiller aussi attentif, aussi intelligent, aussi habile que celui que, tel Zeus, on appelait l'Olympien, l'*ecclésia* s'abandonne à d'indignes orateurs. Par deux fois à la fin du siècle, en 411 et en 404, à la faveur de la guerre et de la défaite, des complots aristocratiques parviennent même à supprimer la constitution démocratique.

A la fin de la guerre du Péloponnèse, la situation reste troublée, à preuve le procès inique intenté à Socrate, accusé de corrompre les jeunes et de ne pas croire aux dieux de la cité : en 399, vrai bouc émissaire, il est condamné à boire la ciguë.

Pourtant, au cours du IVe siècle, une évolution s'accomplit. L'Etat-providence joue à nouveau son rôle : la participation aux affaires publiques devient davantage encore un moyen de gagner sa vie. Dès 400, sur proposition d'un démagogue, on commence à distribuer un modeste salaire pour la simple participation à l'assemblée, donc pour l'accomplissement du devoir élémentaire du citoyen; le peuple préfère alimenter la caisse des spectacles (le «théorique») – que Périclès avait instituée comme un fonds de secours aux nécessiteux – plutôt que la caisse militaire. Ce manque de civisme croissant que dénoncent les orateurs se manifeste aussi dans les résistances au service militaire, qui conduisent de plus en plus la cité à recourir à des mercenaires.

Les actes d'affranchissement gravés dans le sanctuaire de Delphes donnaient plus d'autorité à cette procédure qui rendait sa liberté à l'esclave par la volonté de son maître. On sait l'importance du travail des esclaves dans l'économie de la Grèce classique qui vit de l'exploitation des "esclaves-marchandises".

A l'opposé d'Athènes, Sparte incarne le modèle aristocratique : telle est, du moins, l'opinion couramment admise, mais qu'il convient de nuancer

Dans la grande cité du Péloponnèse, l'opposition fondamentale est celle des citoyens, ou Égaux, que l'Etat dote d'un *kléros* (lot de terre) destiné à les nourrir, eux et leur famille, et des hilotes. Ces derniers constituent une population dépendante, nombreuse et dangereuse, qui descend des pré-Doriens et fournit une main d'œuvre rurale cultivant les *kléroi* des maîtres. C'est pour les maintenir dans une stricte obéissance – autant que pour assurer la défense contre les attaques des voisins – que les citoyens sont essentiellement des soldats : toute activité productrice leur est interdite. Un troisième

Les derniers instants de Socrate, tels qu'ils sont racontés dans un texte fameux de Platon. Le philosophe, condamné à boire la ciguë, un poison violent, continue à s'entretenir avec ses disciples, avec sa noblesse et sa dignité habituelles. Sans avoir jamais rien écrit lui-même, Socrate est à l'origine du développement de l'idéalisme platonicien.

groupe est constitué par les périèques (hommes du pourtour), qui peuvent s'adonner à toutes les occupations, y compris la culture, en dehors de la «terre politique» (terre des citoyens); ils sont dotés d'un statut intermédiaire; ce sont des hommes libres, mais ils ne jouissent que de droits civils.

Ce qui fait la singularité de Sparte, c'est l'existence de ces lots, en principe égaux, de la «terre politique», qui correspond à la seule vallée de l'Eurotas. D'après la tradition, cette division remonte à Lycurgue, législateur en partie mythique, et elle traduit une vision égalitaire de la communauté, chacun devant avoir une terre pour subsister. Toutefois, il existe à l'origine, comme partout, une aristocratie foncière, qui possède aussi des domaines en dehors de la «terre politique». On la voit à l'œuvre dans les concours olympiques, où elle accapare de nombreux lauriers. Vers 550, une réaction en faveur de l'égalitarisme réduit le train de vie des plus riches et interdit tout contact avec l'extérieur, sonnant le glas des fortunes qui, comme ailleurs, résultaient de la vente des

Il est difficile de savoir ce qu'il y a d'historique dans la personne de Lycurgue, ce législateur spartiate des temps anciens. En lui se sont concentrés les grands mythes fondateurs de la communauté lacédémonienne définie comme une collectivité d'Egaux. On sait ce que cette égalité devint au cours des âges...

surplus et des échanges. La cité devient donc – pour les seuls citoyens – une cité égalitaire, même si certaines familles nobles continuent à exercer une grande influence traditionnelle.

Mais toute répartition égalitaire des terres a des effets négatifs. Quand un citoyen meurt sans enfant mâle, son bien-fonds est transmis au plus proche parent, qui a nécessité d'épouser la fille du défunt, désormais qualifiée d'épiclère (ajoutée au *kléros*). Deux ou plusieurs lots peuvent ainsi s'accumuler dans les mêmes mains, alors que les cadets, eux, sont réduits à la portion congrue. L'égalité n'est plus que de façade, d'autant que les femmes accumulent d'immenses richesses.

A partir du Ve siècle, la structure s'effondre peu à peu. Déjà en 464, des hilotes révoltés, profitant d'un tremblement de terre, ont tenté de supprimer leurs maîtres. En 397, des hilotes, des périèques, des citoyens que leur indigence relègue dans les couches inférieures organisent contre les Égaux une conjuration, qui est noyée dans le sang. Mais l'évolution institutionnelle n'est pas moins dangereuse pour une cité qui vit dans le respect apparent du passé : au début du IVe siècle, une loi permet désormais, sinon de vendre son *kléros*, du moins de l'hypothéquer. C'en est fait de la Sparte d'antan. Certes, les vieilles institutions politiques subsistent : l'assemblée du peuple, le sénat de trente membres, les cinq éphores qui surveillent de près le fonctionnement de l'Etat et disposent d'une vraie police secrète. Certes, on maintient aussi les rites des classes d'âge qui donnent accès au monde des adultes et qui sont ici

Les poètes des temps héroïques, Linos et Musée, posent les bases d'une culture qui allie le chant, la musique, la danse, et qu'on retrouvera jusque dans les œuvres des lyriques et des tragiques.

d'une importance exceptionnelle, puisque l'éducation des garçons a lieu en dehors de la maison, sous la responsabilité de l'Etat. Mais en fait, ces institutions sont vides, comme le comprendront les rois réformateurs des temps hellénistiques.

Après avoir vaincu les Perses, Athènes entre dans cette période que les Anciens appelaient «les cinquante ans»

Il s'agit du demi-siècle si créatif qui s'étend de la victoire médique à la funeste guerre du Péloponnèse. Mais vaincue et anéantie, Athènes continue à créer et demeure au IVe siècle cette «école de la Grèce» que Périclès appelait de ses vœux.

«A Athènes, tout dépendait du peuple, dit Fénelon, et le peuple dépendait de la parole.»

Le développement de la démocratie multiplie les discours, à l'assemblée comme au tribunal. Des Siciliens, Corax et Teisias, élaborent une méthode d'art oratoire susceptible de convaincre l'auditoire, et il suffit

Les deux plus grands penseurs du IVe siècle, le maître et le disciple, Platon et Aristote, devisent sous les portiques. Dans une de ses Chambres du Vatican, Raphaël les représente en une fresque à laquelle il donne le beau titre de l'*Ecole d'Athènes*.

Le maître d'école (le pédagogue) dispense l'enseignement, surtout des lettres, du calcul et de la musique. On ne s'étonne ainsi pas trop que les citoyens puissent prendre un tel plaisir aux représentations dramatiques, qui supposent un niveau culturel élevé.

d'ouvrir l'amusante comédie des *Nuées* d'Aristophane pour découvrir les artifices par lesquels, d'après le comique, on peut assurer le triomphe du raisonnement injuste sur le juste.

Ce n'est guère qu'à la fin du Ve siècle et au IVe que la rhétorique prend son plein essor, sous l'élan des sophistes, dont l'art consiste à bien parler autant qu'à bien penser. Nous avons conservé des plaidoieries des logographes : ces «faiseurs de discours» rédigent contre salaire les discours des justiciables, qui, ne pouvant se faire représenter par un avocat professionnel, doivent plaider leur cause eux-mêmes. Il reste aussi des harangues politiques prononcées devant l'*ecclésia*, où triomphe notamment Démosthène, l'ardent et émouvant défenseur de la cité d'Athènes face aux entreprises impérialistes de Philippe II de Macédoine.

Ci-dessous, le buste de Démosthène, orateur brillant et patriote d'Athènes.

Mais le domaine de la rhétorique est encore bien plus vaste : il comprend, en effet, les discours d'apparat prononcés lors des grandes réunions dans les sanctuaires panhelléniques, tels que le *Panégyrique*, chef-d'œuvre d'Isocrate.

Parallèlement, le discours tragique atteint alors son apogée, illustré par Eschyle, Sophocle et Euripide. Il ne cesse de renforcer la démocratie et d'être renforcé par elle, merveilleux instrument de débat, d'analyse critique des hommes et des sociétés sous le manteau éclatant des princes des temps héroïques, personnages quasi obligatoires du drame. Tout à l'opposé, la comédie ne s'intéresse qu'aux sujets contemporains et à l'indigne, mais elle n'ouvre pas moins la voie aux plus fructueuses réflexions sur les sujets brûlants de l'heure, renforçant la pratique de la discussion par les joutes oratoires auxquelles se livrent les protagonistes. L'évolution des genres dramatiques est au reste signifiante de leurs attaches avec la cité : au IVe siècle, la tragédie s'étiole en même temps que le sens civique se dégrade; la comédie d'Aristophane, véritable revue dénonçant crûment les mœurs politiques et sociales, se transforme dans la comédie nouvelle incarnée par Ménandre, où la cité n'est plus que le cadre du jeu, de plus en plus raffiné, des caractères et de l'intrigue.

Hérodote et Thucydide : genèse de l'histoire

Le discours historique, né dès le VIe siècle en Ionie, connaît un essor fulgurant au Ve avec Hérodote, «le père de l'histoire», source inépuisable d'informations sur les guerres médiques et sur les Barbares, dont il note avec volupté les spécificités les plus étranges. Après lui, Thucydide élabore le premier une méthode lucide et rigoureuse d'analyse du champ historique. Elle s'imposera aux historiens futurs, Polybe ou Tacite, qui ont voulu faire de l'histoire une «acquisition pour toujours» selon l'idéal de Thucydide.

Ici, sont accolés Hérodote et Thucydide, les fondateurs de l'histoire en un siècle si lucide qu'il réfléchit sur son propre destin. A droite, le buste de Platon, souverainement serein. Les philosophes étaient les garants de la démocratie (en bas).

En grec, «logos» signifie à la fois mot, discours et raison. Les activités les plus rationnelles, celles de la mathématique et de la philosophie, trouvent tout naturellement leur place dans cette évocation du royaume du «logos»

C'est ici un enchaînement inexorable qui permet de passer des derniers présocratiques, méditant sur l'univers dans l'esprit des écoles archaïques d'Ionie ou d'Occident, aux sophistes, spécialistes du doute méthodique préfigurant les penseurs du siècle des Lumières, qui rendent la réflexion encore plus subtile et aiguë, mais aussi à Socrate, sage engagé dans le quotidien qu'il sublime, enfin à Platon et à Aristote, dont l'œuvre immense ne cessera de féconder la

Le relief de Triptolème est l'une des œuvres les plus émouvantes de Phidias au Ve siècle. Nous sommes aux origines mêmes de la culture, au moment où les deux déesses, Déméter et Coré, vont, dans leur générosité et leur amour de l'humanité, remettre au jeune Triptolème le premier grain de blé. Alors seulement les hommes quittent la barbarie.

réflexion de l'humanité. Platon donne la première expression d'un idéalisme absolu selon lequel le monde que l'on croit réel n'est en fait que l'image du monde des idées : à l'homme de parvenir jusqu'à Dieu par la dialectique ascendante de la beauté et de l'amour. Aristote, son disciple, aussi sensible à la biologie que son maître à la géométrie, établit la typologie des catégories de l'esprit humain. Leur activité s'exerce dans des écoles, réservées en fait à l'élite des jeunes gens, où s'élabore et se perfectionne peu à peu une méthode de recherche, la dialectique, fille du discours, qui permet à des interlocuteurs de progresser ensemble dans l'analyse.

La prépotence du discours dans toutes les activités de l'élite intellectuelle caractérise cette époque qui élabore la première culture rhétorique de l'Antiquité, fondamentalement liée au développement de la démocratie, qui suppose une parole libre et la réconciliation du verbe et de l'action.

Parallèlement, l'art déroule son discours en l'honneur de la cité et de ses dieux

De nouvelles créations s'imposent par leur monumentalité, par leur décor aussi : ainsi, le temple de Zeus à Olympie, dont les métopes évoquent sereinement un Héraclès devenu aussi pensif que vigoureux; ainsi, la vaste salle d'initiation aux mystères de Déméter et Coré à Eleusis qui renferme un chef-d'œuvre inégalé de Phidias, le relief où Triptolème, l'enfant divin, reçoit des mains des deux déesses le grain de blé sacré d'où lèveront toutes les moissons futures.

Au fronton d'Olympie, les Centaures, invités à la noce de Pélops et de Déidamie, s'attaquent aux jeunes femmes ou aux adolescents. Ici, la mariée elle-même est enlevée. Heureusement Apollon préside à la scène, dans une admirable sérénité, et l'on sait bien que les Centaures seront contraints d'abandonner leur proie.

Mais, de tous les chefs-d'œuvre, le plus important est le projet que Périclès a partiellement réalisé sur l'Acropole, en confiant à Phidias la responsabilité globale de l'épure. La conception de l'ensemble donne la clé du projet : il réunit trois temples d'Athéna dans une enceinte percée d'une entrée monumentale et où affleurent encore les murs cyclopéens du palais mycénien. Elle délimite pour les dieux une demeure polymorphe et polysémique où jouent à l'unisson les reliques les plus vénérables et les innovations les plus modernes, le dorique et l'ionique, le marbre blanc et le marbre bleu, les petits édifices charmants et le prestigieux Parthénon, coffre-fort de l'Etat athénien,

Aux Panathénées, toute la ville communie dans l'adoration de sa patronne Athéna. La liturgie la plus importante est une procession qui part du Céramique et monte à l'Acropole lui porter une nouvelle parure vestimentaire.

symbole de la domination d'Athènes et de sa divine patronne. En outre, chaque édifice porte son message, qui se détaille sous le ciseau des sculpteurs. Celui du Parthénon est exceptionnellement riche : ses frontons exaltent les vieux mythes fondateurs de la naissance d'Athéna et de sa rivalité avec son oncle Poséidon; ses métopes chantent le triomphe de l'ordre sur l'inorganique représenté par la déroute finale des Troyens, des Centaures, des Amazones, des Géants, tous êtres de démesure : la frise des Panathénées qui ceint, de manière étonnante, le temple sous le portique concentre l'attention sur l'Athènes quotidienne, celle des magistrats, des cavaliers,

Phidias n'a pas hésité à représenter cette procession si humaine, qui associe tous les éléments de la cité, même les métèques, et les emmène au rythme lent de la musique religieuse vers la façade principale où les dieux, réunis au banquet de l'Olympe, vont recevoir le peuple athénien.

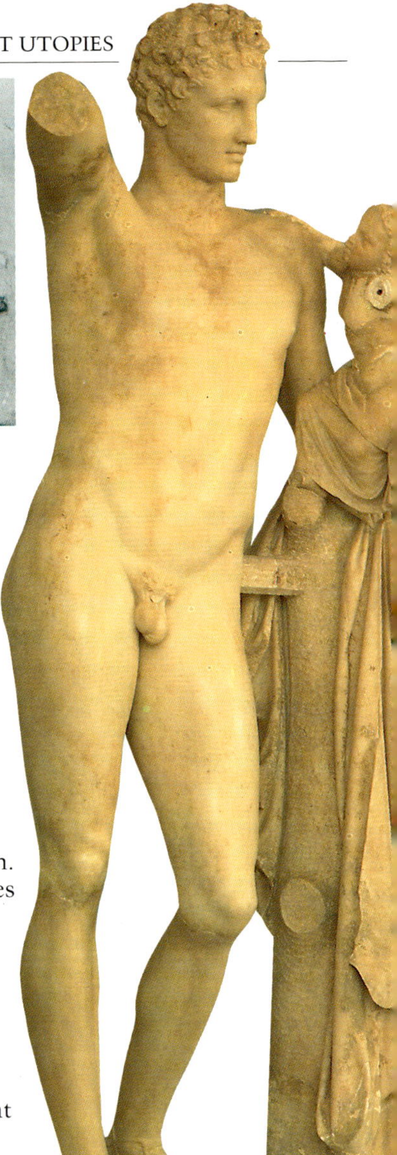

des canéphores et des métèques, qui est subsumée dans l'Olympe où, dans leur majesté, siègent les dieux certes bienveillants envers les hommes, mais sans la moindre familiarité.

Majesté et dignité se dégagent de cet art olympien qui élève un monde de sérénité au-dessus des passions domptées des hommes. Un art qui correspond bien à l'Athènes des «cinquante ans», superbement maîtresse des mers, et vers qui convergent, comme vers leur patrie spirituelle, tous ceux qui veulent s'exprimer dans les mots ou le marbre.

Sérénité et impassibilité sans lendemain. Dès la fin du Ve siècle, le marbre s'agite, les draperies palpitent, les vases se parent d'une riche polychromie, expression d'un monde qui s'inquiète. Au IVe siècle se multiplient les tentatives pour animer la pierre, pour rendre les dieux proches des souffrances humaines qu'ils partagent parfois, pour les faire sortir de l'empyrée. Mais multiples et souvent étonnantes sont les voies qui s'ouvrent à la recherche des créateurs. Epidaure élève pour son dieu une *tholos* (temple rond), dont le charme délicat évoque celle de Delphes, presque contemporaine, mais qui recèle en son sein de vieilles liturgies en l'honneur d'Asclépios conçu comme un dieu-taupe aux pouvoirs guérisseurs. Praxitèle sculpte de délicats jeunes gens et des vierges languissantes si hanchés qu'ils tiennent à peine debout, mais aussi un Hermès portant sur ses épaules Dionysos enfant destiné à donner au monde le salut par l'amour. Scopas est plus mâle, et ses compositions passionnées, ses visages tourmentés, ses yeux tournés vers les cieux introduisent un pathétique vigoureux qui annonce l'avenir. Lysippe, lui, qui codifie les proportions entre les différentes parties du corps humain, renouvelle la vision des dieux et, fixant les traits d'Alexandre dans le bronze, inaugure une longue série de portraits royaux ou impériaux où éclate la surhumanité du monarque. Si le mysticisme est bien le facteur commun à tant d'œuvres éminemment novatrices, c'est le mysticisme plus anxieux que triomphant d'une période troublée qui aimerait compromettre ses dieux...

A gauche, les dieux siègeant lors des Panathénées, et l'Hermès porteur du petit Dionysos, de Praxitèle. Le buste d'Alexandre le Grand de Lysippe, plein de fougue intérieure, ci-dessous. En bas, la *tholos* d'Epidaure.

L'orgueil de la Grèce

Ce sont les grands ensembles religieux qui font surtout impression sur nous, qu'ils soient élevés au cœur de la cité, comme l'Acropole, ou dans ces lieux de rencontres intercommunautaires que sont les sanctuaires panhelléniques. L'Acropole, détruite par les Perses, porte la marque de Périclès qui a voulu donner aux dieux d'Athènes un cadre digne d'eux et a trouvé en Phidias un allié exceptionnel. A la page suivante, l'*hieron* d'Olympie, centre des concours qui raniment la Nature, montre au contraire une enceinte sacrée s'édifiant sur des siècles. Enfin, la restauration au XIXe siècle de la fameuse statue chryséléphantine d'Athéna, réalisée par Phidias.

E TERRASSE SVD
AVTEL DE ZEVS

HIERON DE ZEVS
AGORA
METROON

ON DV PARTHENON

L'évolution religieuse traduit les mêmes orientations. Les guerres médiques renforcent considérablement la foi des Grecs dans leurs dieux

Les offrandes se multiplient dans les sanctuaires, surtout à Delphes qui les avait, au moins dans un second temps, soutenus dans leur grande épreuve. La religion apparaît donc comme une force de structuration sociale qui reflète le nouvel équilibre de la société. Déjà le tyran Pisistrate avait célébré avec beaucoup d'éclat les cultes des divinités agraires chères au peuple, Déméter et Coré ou Dionysos, sans oublier Athéna, la déesse poliade par excellence. C'est dans le même sens que s'oriente la politique démocratique. Un énorme effort de construction est réalisé pour Athéna sur l'Acropole, et les fêtes en son honneur, les Panathénées, connaissent un éclat renouvelé. Déméter et Coré voient leur sanctuaire d'Eleusis augmenter de superficie, ce qui atteste le succès grandissant des mystères célébrés en leur honneur dans la tradition crétoise. Après les destructions dues aux guerres médiques, c'est d'abord Cimon, un chef aristocrate, qui reconstruit la salle d'initiation, avant que Périclès n'en double la superficie... Quant à Dionysos, un temple lui est dédié sur les pentes de l'Acropole et plusieurs fêtes le célèbrent avec faste, notamment les Dionysies urbaines, avec leur somptueuse procession et leur programme chargé de concours dramatiques.

Ci-contre, une autre Athéna de Phidias, dite du Varvakion. A droite, on est dans une atmosphère toute différente avec ce personnage dionysiaque qui joue à se contorsionner.

Un consensus s'établit ainsi entre les divinités poliades et celles qui pourvoient à la reproduction du groupe, consensus d'autant plus aisé qu'Athéna est elle-même promotrice de Fécondité et Fertilité! L'analyse montre, en outre, que les cérémonies en l'honneur de ces déesses (mais aussi de la vierge Artémis, qui a un petit sanctuaire sur l'Acropole) proviennent du fond le plus ancien de la religiosité et qu'elles sont liées au renouvellement de la nature et aux rites de passage dans le monde des adultes. Athènes n'a pas oublié son passé mycénien et continue à y puiser ses scénarios festifs les plus émouvants.

Au cœur du sanctuaire d'Eleusis se dresse le *telesterion* : la salle d'initiation où les mystes (initiés) étaient réunis pour assister aux mystères de Déméter et de Coré. C'est une très vaste salle soutenue par des piliers, un peu à la mode des palais perses; là, les fidèles participaient aux liturgies au cours desquelles leur était révélé le sens des mystères et où ils acquéraient le droit de vivre un au-delà bienheureux auprès des déesses si accueillantes pour les mortels.

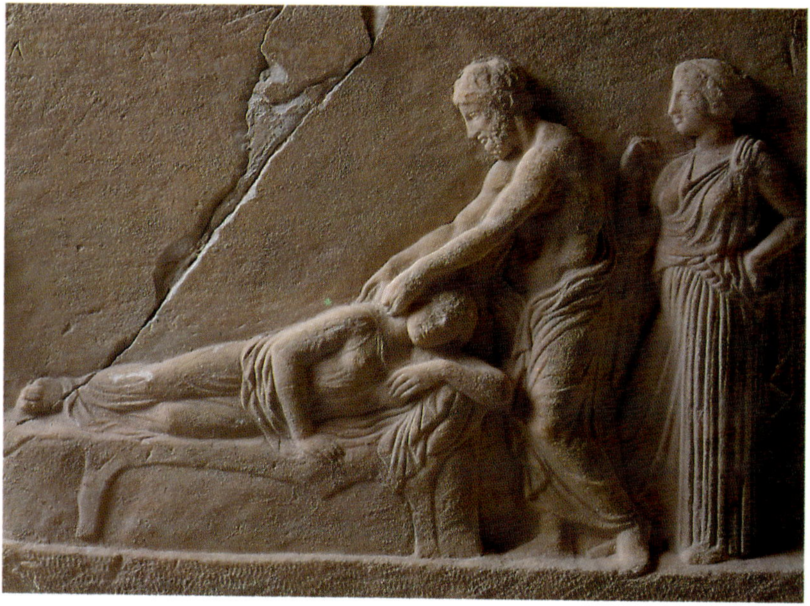

Vient cependant un moment où ces mysticismes agraires assez modérés paraissent désuets, incapables de répondre aux aspirations, désormais plus personnelles, des citoyens qui cherchent une communication plus directe avec le surnaturel. Alors que le rationalisme des derniers présocratiques et des sophistes vient ébranler la religion traditionnelle, un mysticisme plus violent, voire effréné, la sape. Dès 415, le dieu phénicien Adonis, jeune amant d'Aphrodite, est pleinement chez lui à Athènes; les femmes, sur leurs toits en terrasse, célèbrent la lugubre cérémonie de ses funérailles, prélude à son heureuse résurrection. Elles sont assez nombreuses pour faire pendant aux hommes qui, eux, délibèrent à l'assemblée. C'est ici la première manifestation d'un mysticisme oriental, bruyant et émotif, où l'on joue sur les vicissitudes d'un dieu dont on célèbre la passion...

La guerre du Péloponnèse, avec toutes les mutations, tous les brassages qu'elle entraîne, accentue de telles aspirations. On constate d'abord que certains dieux

Parmi les sujets religieux où les artistes grecs se sont tant complus. Voici Asclépios soignant lui-même une jeune femme : mais ce n'est pas l'éternité qu'il apporte, c'est le bien si précieux de la santé. Médecine sacrée qui nous rappelle que les médecins grecs ont posé toutes les bases de leur discipline.

du panthéon classique renforcent leurs éléments mystiques et connaissent un succès renouvelé : c'est Dionysos, entouré de son cortège de Ménades (femmes affolées), et que sa liaison avec Ariane permet de considérer comme promoteur de l'amour salvateur; c'est Aphrodite, toute-puissante sur les esprits, en qui s'unissent les forces germinatrices et les élans érotiques; c'est Asclépios, simple héros à l'origine, dont le sanctuaire à Epidaure devient l'un des plus achalandés de la Grèce.

Et pourtant le renouvellement de la communion entre les dieux et les fidèles ne suffit pas! On fait appel aux dieux étrangers, originaires le plus souvent de cet Orient aux multiples ferveurs : qu'il s'agisse de divinités thraces, phrygiennes, phéniciennes, égyptiennes, elles attirent des foules de plus en plus nombreuses dans les petits sanctuaires que leurs sectateurs sont autorisés à élever. Certes, l'invasion des dieux orientaux sera plus sensible à l'époque hellénistique et plus tard à Rome, mais on discerne déjà les symptômes d'une mutation en profondeur de l'imaginaire et du vécu religieux des Grecs.

Ce siècle qui est celui d'Aristote est aussi celui où l'aspiration vers le divin retentit pour la première fois avec autant de violence. Partout c'est le

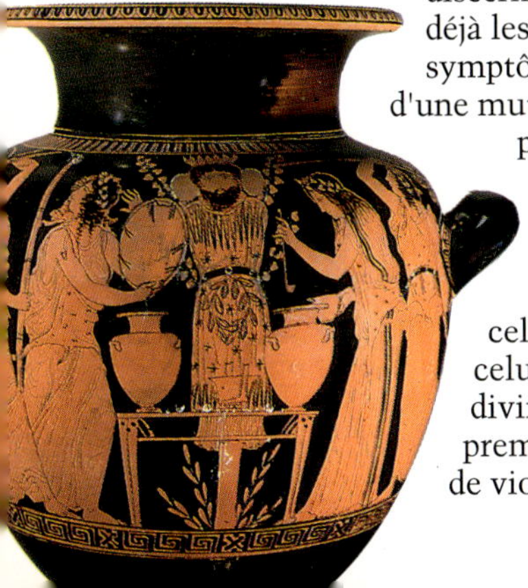

Le dionysisme est profondément intégré à la pensée religieuse des Grecs. Dionysos et Ariane sont amoureusement enlacés et le message qu'ils délivrent est mystique, le salut par l'amour. Autour de l'autel rustique de Dionysos, où la statue du dieu est fichée en terre, les Bacchantes dansent : elles rendent hommage à la divinité qui procure toutes les vitalités et mène jusqu'à l'extase. L'aspect mystique, voire orgiastique, du culte ne fait que se développer avec les siècles et Dionysos, qui est déjà mentionné dans les tablettes mycéniennes, accroît sans cesse sa clientèle.

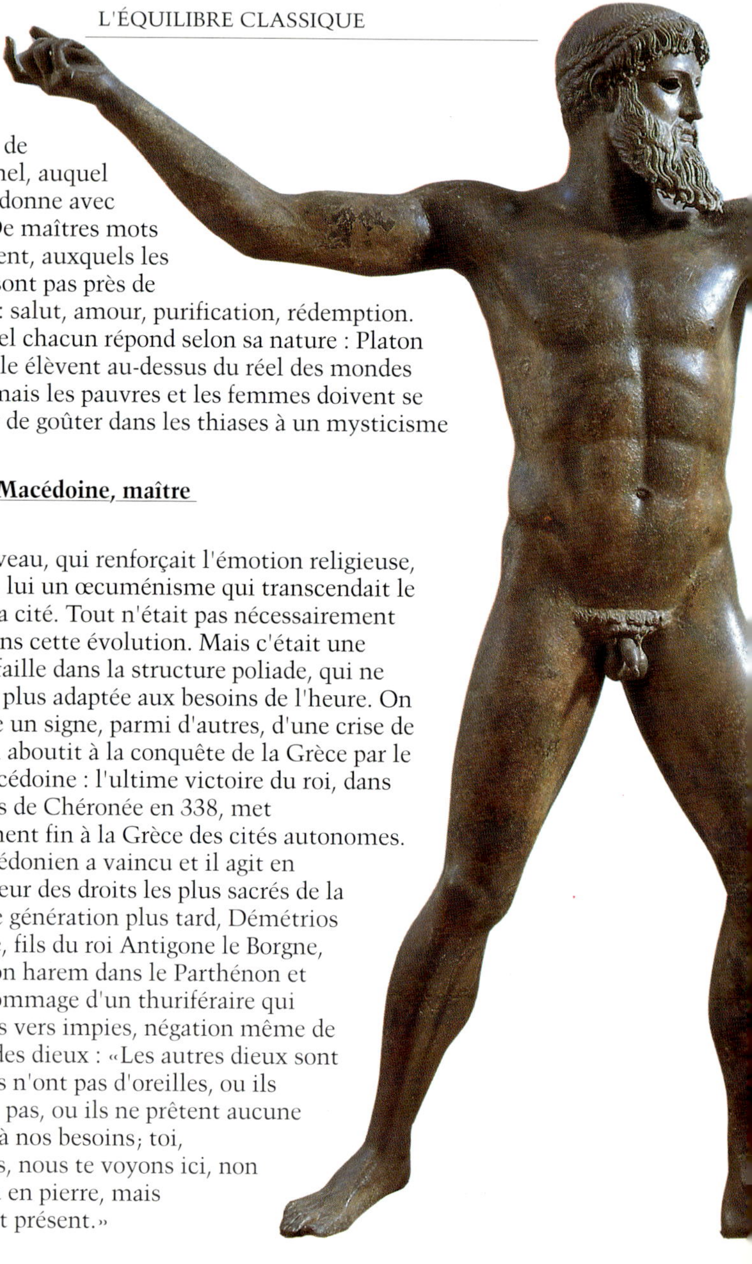

triomphe de l'irrationnel, auquel on s'abandonne avec délices. De maîtres mots apparaissent, auxquels les âmes ne sont pas près de renoncer : salut, amour, purification, rédemption. A cet appel chacun répond selon sa nature : Platon et Praxitèle élèvent au-dessus du réel des mondes radieux, mais les pauvres et les femmes doivent se contenter de goûter dans les thiases à un mysticisme au rabais.

Le roi de Macédoine, maître du jeu

Ce renouveau, qui renforçait l'émotion religieuse, portait en lui un œcuménisme qui transcendait le cadre de la cité. Tout n'était pas nécessairement négatif dans cette évolution. Mais c'était une nouvelle faille dans la structure poliade, qui ne paraissait plus adaptée aux besoins de l'heure. On peut y lire un signe, parmi d'autres, d'une crise de la cité qui aboutit à la conquête de la Grèce par le roi de Macédoine : l'ultime victoire du roi, dans les vallons de Chéronée en 338, met pratiquement fin à la Grèce des cités autonomes.

Le Macédonien a vaincu et il agit en contempteur des droits les plus sacrés de la *polis*. Une génération plus tard, Démétrios Poliorcète, fils du roi Antigone le Borgne, installe son harem dans le Parthénon et reçoit l'hommage d'un thuriféraire qui profère ces vers impies, négation même de la cité et des dieux : «Les autres dieux sont loin, ou ils n'ont pas d'oreilles, ou ils n'existent pas, ou ils ne prêtent aucune attention à nos besoins; toi, Démétrios, nous te voyons ici, non en bois ou en pierre, mais réellement présent.»

La Grèce et nous

Il serait très injuste de s'arrêter sur ces déviations cyniques. Ce n'est pas pour autant que nous pensions à porter un jugement de valeur, car l'hellénisme, c'est

Poséidon lance le trident : force, équilibre, maîtrise de soi, telles sont les vertus d'un dieu qu'un artiste anonyme du style sévère a sculpté dans le bronze.

Mais quasiment au même moment, un peintre de Poséidonia en Grande Grèce (aujourd'hui Paestum) nous livre cette scène d'un puissant mysticisme. Le plongeur se jette dans la mer, dans la mort, mais aussi dans la vie, dans l'éternité où il retrouvera les eaux primordiales.

aussi la misogynie, le mépris humiliant des Barbares, les meurtres d'hilotes et le travail des esclaves, qu'Aristote définit comme des «outils animés»...

Mais deux considérations s'imposent. D'abord l'histoire de la Grèce ne s'arrête pas avec la conquête macédonienne. Alexandre le Grand va entraîner ses sujets et ses alliés grecs dans une gigantesque entreprise commune : la conquête de l'Orient perse. Dès lors, un monde nouveau s'élabore, le monde hellénistique caractérisé par d'immenses innovations, et même, pendant trois siècles, les Grecs imposent leur loi à l'Asie intérieure et à l'Egypte.

Et puis ce sont les Grecs qui ont créé les mots clés de notre expérience politique et de notre culture :

politique, démocratie et aristocratie, drame, tragédie et comédie, philosophie, histoire et géographie, mathématiques, théologie, mystique...

TÉMOIGNAGES
ET DOCUMENTS

L'exaltation du beau, idéal des Grecs : l'Apollon du Belvédère

Dès son premier ouvrage (1755), Johan Winckelmann (1717-1768) renouvelle le goût occidental en mettant au premier plan, contre le baroque, la simplicité de l'art idéal des Grecs et la nécessité de le prendre comme modèle pour étudier le Beau immuable et éternel. Il est aussi l'initiateur d'un mouvement de retour à l'antique, surtout au grec, qui connaît un immense retentissement et favorise l'éclosion d'une littérature et d'un art néo-classiques.

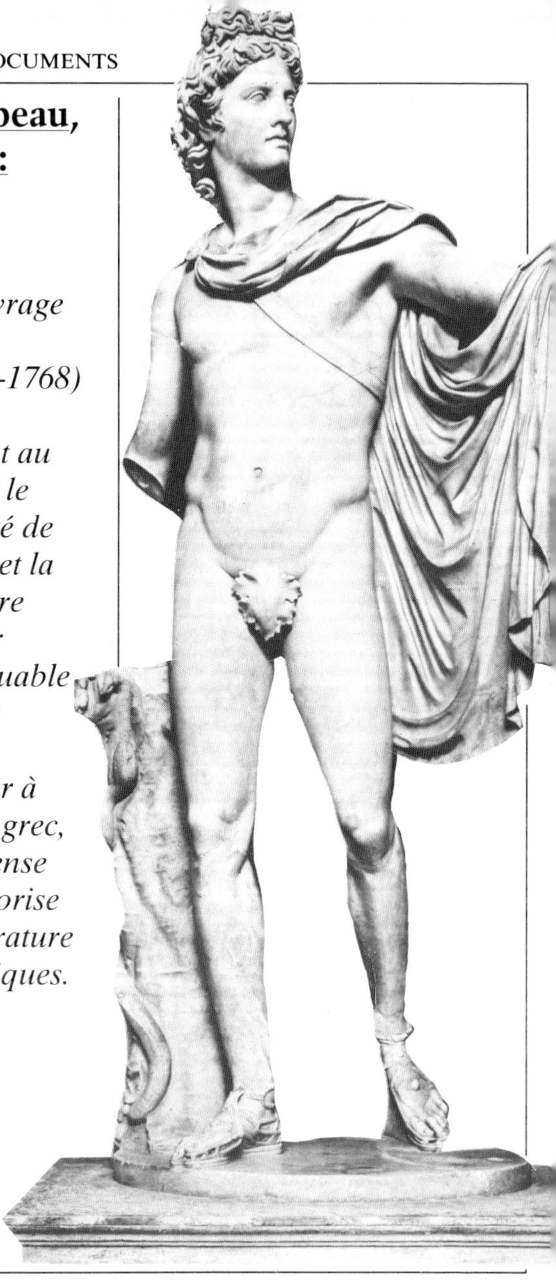

De toutes les productions de l'art qui ont échappé à la puissance du temps, la statue d'Apollon est sans contredit la plus sublime. L'Artiste a conçu cet ouvrage sur l'idéal et n'a employé de matière que ce qu'il lui en fallait pour exécuter et rendre sensible sa pensée. Autant la description qu'Homère a donné d'Apollon surpasse les descriptions qu'en ont faites après lui les Poètes, autant cette figure l'emporte sur toutes les figures de ce Dieu. Un éternel printemps, tel que celui qui règne dans les champs fortunés de l'Elysée, revêt d'une aimable jeunesse les charmes mâles de son corps et brille avec douceur sur la fière structure de ses membres. Tâchez de pénétrer dans l'empire des beautés incorporelles, cherchez à devenir créateur d'une nature céleste pour élever votre âme à la contemplation des beautés surnaturelles: car ici il n'y a rien qui soit mortel, rien qui soit sujet aux besoins de l'humanité. Ce corps n'est ni échauffé par des veines, ni agité par des nerfs; un esprit céleste, répandu comme un doux ruisseau, circule pour ainsi dire sur toute la circonscription de cette figure. Il a poursuivi Python contre lequel il a tendu pour la première fois son arc redoutable : dans sa course rapide, il l'a atteint et lui a porté le coup mortel. De la hauteur de sa joie, son auguste regard, pénétrant dans l'infini, s'étend bien au-delà de sa victoire. Le dédain siège sur ses lèvres, l'indignation qu'il respire gonfle ses narines et monte jusqu'à ses sourcils Mais une paix inaltérable est empreinte sur son front et son œil est plein de douceur, comme s'il était au milieu des Muses empressées à lui prodiguer leurs caresses. Parmi toutes les figures de Jupiter enfantées par l'Art et parvenues jusqu'à nous, vous ne verrez dans aucune le père des Dieux approcher de cette grandeur avec laquelle il se manifesta jadis à l'intelligence du Poète comme dans les traits que nous offre ici son fils. Les beautés individuelles de tous les autres Dieux sont réunies dans cette figure comme dans la divine Pandore. Ce front est le front de Jupiter renfermant la Déesse de la sagesse; ces sourcils par leur mouvement, annoncent leur volonté; ces yeux, dans leur orbite cintrée, sont les yeux de la Reine des Déesses, et cette bouche est la même bouche qui inspirait la volupté au beau Branchus. Semblables aux tendres rejetons de la vigne, ses beaux cheveux flottent autour de sa tête divine, comme s'ils étaient légèrement agités par l'haleine des Zéphirs: ils semblent parfumés de l'essence des Dieux et attachés négligemment sur le sommet par la main des Grâces. A l'aspect de ce prodige de l'Art, j'oublie tout l'univers; je prends moi-même une position plus noble pour le contempler avec dignité. Saisi de respect, je sens ma poitrine qui se dilate et s'élève, sentiment qu'éprouvent ceux qui sont remplis de l'esprit des prophéties. Je suis transporté à Délos et dans les bois sacrés de la Lycie, lieux qu'Apollon honorait de sa présence: car la beauté que j'ai devant les yeux paraît recevoir le mouvement comme le reçut jadis la beauté qu'enfanta le ciseau de Pygmalion. Comment pouvoir te décrire, ô inimitable chef-d'œuvre ! Il faudrait pour cela que l'Art même daignât m'inspirer et conduire ma plume. Les traits que je viens de crayonner, je les dépose à tes pieds; ainsi ceux qui ne peuvent atteindre jusqu'à la tête de la Divinité qu'ils révèrent mettent à ses pieds les guirlandes dont ils auraient voulu la couronner.

Réflexions sur l'imitation des œuvres des Grecs en peinture et en sculpture,

La religion au quotidien à Athènes

Dans son œuvre maîtresse, «La cité antique» (1885), qui a si profondément marqué la conscience historique du XIXe siècle, Fustel de Coulanges fait de la religion le principe constitutif de la famille et de la cité antiques. Voici la grande fresque où il analyse le vécu religieux des Athéniens.

La peur des dieux n'était pas un sentiment propre au Romain; elle régnait aussi bien dans le cœur d'un Grec. Ces peuples, constitués à l'origine par la religion, nourris et élevés par elle, conservèrent très longtemps la marque de leur éducation première. On connaît les scrupules du Spartiate, qui ne commence jamais une expédition avant que la lune soit dans son plein, qui immole sans cesse des victimes pour savoir s'il doit combattre et qui renonce aux entreprises les mieux conçues et les plus nécessaires parce qu'un mauvais présage l'effraye. L'Athénien s'éloigne du Romain et du Spartiate par mille traits de caractère et d'esprit; mais il leur ressemble par la crainte des dieux. Une armée athénienne n'entre jamais en campagne avant le septième jour du mois, et, quand une flotte va prendre la mer, on a grand soin de redorer les statues de Pallas.

Xénophon assure que les Athéniens ont plus de fêtes religieuses qu'aucun peuple grec. «Que de victimes offertes aux dieux, dit Aristophane, que de temples! que de statues! que de processions sacrées! A tout moment de l'année, on voit des festins religieux et des victimes couronnées.» «C'est nous, dit Platon, qui offrons les plus nombreux sacrifices et qui faisons pour les dieux les processions les plus brillantes et les plus saintes.» La ville d'Athènes et son territoire sont couverts de temples et de chapelles; il y en a pour le culte de la cité, pour le culte des tribus et des dèmes, pour le culte des familles. Chaque maison est elle-même un temple et, presque dans chaque champ, il y a un tombeau sacré.

L'Athénien qu'on se figure si inconstant, si capricieux, si libre penseur, a, au contraire, un singulier respect pour les vieilles traditions et les vieux rites. Sa

Le trépied, réceptacle des forces magiques de l'univers, est le siège naturel d'Apollon et de sa prêtresse. Les Grecs ne prennent pas de décision majeure sans consulter l'oracle.

principale religion, celle qui obtient de lui la dévotion la plus fervente, c'est la religion des ancêtres et des héros. Il a le culte des morts et il les craint. Une de ses lois l'oblige à leur offrir chaque année les prémices de sa récolte; une autre lui défend de prononcer un seul mot qui puisse provoquer leur colère. Tout ce qui touche à l'antiquité est sacré pour un Athénien. Il a de vieux recueils où sont consignés ses rites et jamais il ne s'en écarte; si un prêtre introduisait dans le culte la plus légère innovation, il serait puni de mort. Les rites les plus bizarres sont observés de siècle en siècle. Un jour de l'année, l'Athénien fait un sacrifice en l'honneur d'Ariane, et parce qu'on dit que l'amante de Thésée est morte en couches, il faut qu'on imite les cris et les mouvements d'une femme en travail. Il célèbre une autre fête annuelle qu'on appelle Oschophories et qui est comme la pantomime du retour de Thésée dans l'Attique; on couronne le caducée d'un héraut, parce que le héraut de Thésée a couronné son caducée; on pousse un certain cri que l'on suppose que le héros a poussé, et il se fait une procession où chacun porte le costume qui était en usage au temps de Thésée. Il y a un autre jour où l'Athénien ne manque pas de faire bouillir des légumes dans une marmite d'une forme déterminée; c'est un rite dont l'origine se perd dans une antiquité lointaine, dont on ne connaît plus le sens, mais qu'on renouvelle pieusement chaque année.

L'Athénien, comme le Romain, a des jours néfastes; ces jours-là, on ne se marie pas, on ne commence aucune entreprise, on ne tient pas d'assemblée, on ne rend pas la justice. Le dix-huitième et le dix-neuvième jour de chaque mois sont employés à des purifications. Le jour des Plyntéries, jour néfaste entre tous, on voile la statue de la grande divinité poliade. Au contraire, le jour des Panathénées, le voile de la déesse est porté en grande procession, et tous les citoyens, sans distinction d'âge ni de rang, doivent lui faire cortège. L'Athénien fait des sacrifices pour les récoltes; il en fait pour le retour de la pluie ou le retour du beau temps; il en

fait pour guérir les maladies et chasser la famine ou la peste.

Athènes a ses recueils d'antiques oracles, comme Rome a ses livres Sibyllins, et elle nourrit au Prytanée des hommes qui lui annoncent l'avenir. Dans ses rues on rencontre à chaque pas des devins, des prêtres, des interprètes des songes. L'Athénien croit aux présages; un éternuement ou un tintement des oreilles l'arrête dans une entreprise. Il ne s'embarque jamais sans avoir interrogé les auspices. Avant de se marier il ne manque pas de consulter le vol des oiseaux. Il croit aux paroles magiques, et, s'il est malade, il se met au cou des amulettes. L'assemblée du peuple se sépare dès que quelqu'un assure qu'il a paru dans le ciel un signe funeste. Si un sacrifice a été troublé par l'annonce d'une mauvaise nouvelle, il faut le recommencer.

L'Athénien ne commence guère une phrase sans invoquer d'abord la bonne fortune. A la tribune, l'orateur débute volontiers par une invocation aux dieux et aux héros qui habitent le pays. On mène le peuple en lui débitant des oracles. Les orateurs, pour faire prévaloir leur avis, répètent à tout moment : La déesse ainsi l'ordonne. […]

Fustel de Coulanges,
La cité antique
Librairie Hachette

Prière sur l'Acropole

C'est une prière qu'Ernest Renan a écrite lors de ses premières émotions athéniennes. Il la retrouve et la publie dans ses Souvenirs d'enfances et de jeunesse *avec le titre suivant :* Prière que je fis sur l'Acropole, quand je fus arrivé à en comprendre la parfaite beauté!

«O noblesse! ô beauté simple et vraie! déesse dont le culte signifie raison et sagesse, toi dont le temple est une leçon éternelle de conscience et de sincérité, j'arrive tard au seuil de tes mystères; j'apporte à ton autel beaucoup de remords. Pour te trouver il m'a fallu des recherches infinies. L'initiation que tu conférais à l'Athénien naissant par un sourire, je l'ai conquise à force de réflexions, au prix de longs efforts.

«Je suis né, déesse aux yeux bleus, de

Du bas de l'Acropole, le spectacle est éblouissant, «il y a un lieu où la perfection existe...; c'est celui-là»

parents barbares, chez les Cimmériens bons et vertueux qui habitent au bord d'une mer sombre, hérissée de rochers toujours battue par les orages. On y connaît à peine le soleil; les fleurs sont les mousses marines, les algues et les coquillages coloriés qu'on trouve au fond des baies solitaires. Les nuages y paraissent sans couleur, et la joie même y est un peu triste; mais des fontaines d'eau froide y sortent du rocher, et les yeux des jeunes filles y sont comme ces vertes fontaines où, sur des fonds d'herbes ondulées, se mire le ciel.

«Mes pères, aussi loin que nous pouvons remonter, étaient voués aux navigations lointaines, dans des mers que tes Argonautes ne connurent pas. J'entendis, quand j'étais jeune, les chansons des voyages polaires; je fus bercé au souvenir des glaces flottantes, des mers brumeuses semblables à du lait, des îles peuplées d'oiseaux qui chantent à leurs heures et qui, prenant leur volée

tous ensemble, obscurcissent le ciel.

«Des prêtres d'un culte étranger, venu des Syriens de Palestine, prirent soin de m'élever. Ces prêtres étaient sages et saints. Ils m'apprirent les longues histoires de Cronos, qui a créé le monde, et de son fils, qui a , dit-on, accompli un voyage sur la terre. Leurs temples sont trois fois hauts comme le tien, ô Eurhythmie, et semblables à des forêts; seulement ils ne sont pas solides; ils tombent en ruine au bout de cinq ou six cents ans; ce sont des fantaisies de barbares qui s'imaginent qu'on peut faire quelque chose de bien en dehors des règles que tu as tracées à tes inspirés, ô Raison. Mais ces temples me plaisaient; je n'avais pas étudié ton art divin; j'y trouvais Dieu. On y chantait des cantiques dont je me souviens encore : «Salut, étoile de la mer,... reine de ceux qui gémissent en cette vallée de larmes»; ou bien : «Rose mystique, Tour d'ivoire, Maison d'or, Étoile du matin...» Tiens, déesse, quand je me rappelle ces chants, mon cœur se fond, je deviens presque apostat. Pardonne-moi ce ridicule; tu ne peux te figurer le charme que les magiciens barbares ont mis dans ces vers, et combien il m'en coûte de suivre la raison toute nue...

Le règne de la déesse a connu une trop longue éclipse : «pendant mille ans on t'a traitée d'idole, ô Vérité»*; maintenant encore des barbares s'en prennent à ses serviteurs : Renan lui-même l'a douloureusement éprouvé. Pourtant, qu'Athéna veuille bien pardonner à l'humanité :* «Étincelle qui allumes et entretiens le feu chez les héros et les hommes de génie, fais de nous des spiritualiste accomplis... Le monde ne sera sauvé qu'en revenant à toi»

«Ferme en toi, je résisterai à mes fatales conseillères; à mon scepticisme, qui me fait douter du peuple, à mon inquiétude d'esprit, qui après que la raison a prononcé, m'empêche de me tenir en repos. O Archégète, idéal que l'homme de génie incarne en ses chefs-d'œuvre, j'aime mieux être le dernier dans ta maison que le premier ailleurs. Oui, je m'attacherai au stylobate de ton temple; j'oublierai toute discipline hormis la tienne, je me ferai stylite sur tes colonnes, ma cellule sera sur ton architrave. Chose plus difficile! pour toi, je me ferai, si je peux, intolérant, partial. Je n'aimerai que toi. Je vais apprendre ta langue, désapprendre le reste. Je serai injuste pour ce qui ne te touche pas; je me ferai le serviteur du dernier de tes fils. Les habitants actuels de la terre que tu donnas à Érechtée, je les exalterai, je les flatterai. J'essaierai d'aimer jusqu'à leurs défauts; je me persuaderai, ô Hippia, qu'ils descendent des cavaliers qui célèbrent là-haut, sur le marbre de ta frise, leur fête éternelle. J'arracherai de mon cœur toute fibre qui n'est pas raison et art pur. Je cesserai d'aimer mes maladies, de me complaire en ma fièvre. Soutiens mon ferme propos, ô Salutaire; aide-moi, ô toi qui sauves!

«Que de difficultés, en effet, je prévois! que d'habitudes d'esprit j'aurai à changer! que de souvenirs charmants je devrai arracher de mon cœur! J'essaierai; mais je ne suis pas sûr de moi. Tard je t'ai connue, beauté parfaite. J'aurai des retours, des faiblesses. Une philosophie, perverse sans doute, m'a porté à croire que le bien et le mal, le plaisir et la douleur, le beau et le laid, la raison et la folie se transforment les uns dans les autres par des nuances aussi indiscernables que celles du cou de la colombe. Ne rien aimer, ne rien haïr absolument, devient alors une sagesse. Si une société, si une philosophie, si une religion eût possédé la vérité absolue, cette société, cette philosophie, cette religion aurait vaincu les autres et vivrait seule à l'heure qu'il est. Tous ceux qui, jusqu'ici, ont cru avoir raison se sont trompés, nous le voyons clairement. Pouvons-nous sans folle outrecuidance croire que l'avenir ne nous jugera pas comme nous jugeons le passé ? Voilà les blasphèmes que me suggère mon esprit profondément gâté. Une littérature qui, comme la tienne, serait saine de tout point n'exciterait plus maintenant que l'ennui.

«Tu souris de ma naïveté. Oui, l'ennui… Nous sommes corrompus : qu'y faire ? J'irai plus loin, déesse orthodoxe, je te dirai la dépravation intime de mon cœur. Raison et bons sens ne suffisent pas. Il y a de la poésie dans le Strymon glacé et dans l'ivresse du Thrace. Il viendra des siècles où tes disciples passeront pour les disciples de l'ennui. Le monde est plus grand que tu ne crois. Si tu avais vu les neiges du pôle et les mystères du ciel austral, ton front, ô déesse toujours calme, ne serait pas si serein; ta tête, plus large, embrasserait divers genres de beauté.

«Tu es vraie, pure, parfaite; ton marbre n'a point de tâche; mais le temple d'Hagia-Sophia, qui est à Byzance, produit aussi un effet divin avec ses briques et son plâtras. Il est l'image de la voûte du ciel. Il croulera; mais, si ta cella devait être assez large pour contenir une foule, elle croulerait aussi.

«Un immense fleuve d'oubli nous entraîne dans un gouffre sans nom. O abîme, tu es le Dieu unique. Les larmes de tous les peuples ont de vraies larmes; les rêves de tous les sages renferment une part de vérité. Tout n'est ici-bas que symbole et que songe. Les dieux passent comme les hommes, et il ne serait pas bon qu'ils fussent éternels. La foi qu'on a eue ne doit jamais être une chaîne. On est quitte envers elle quand on l'a soigneusement roulée dans le linceul de pourpre où dorment les dieux morts.»

Renan,
Souvenirs d'Enfance et de Jeunesse
Calmann-Lévy

Les écritures syllabiques des palais à l'âge du bronze

Dans les monarchies tributaires de Crète et de Grèce se sont développés des systèmes idéographiques complexes génétiquement liés : des deux plus importants, le linéaire A des Crétois et le B des Achéens, le second est issu du premier et est une adaptation faite par des scribes crétois pour utiliser leur écriture afin de noter une langue autre, le grec; attesté pendant près d'un demi-millénaire il mute peu et montre une remarquable stabilité.

Les Minoens ont développé trois systèmes scripturaires successifs, les deux premiers hiéroglyphiques, le dernier, linéaire (linéaire A). Aucun d'eux n'est déchiffré, bien que le linéaire commence à livrer quelques-uns de ses secrets, et l'on ne sait même pas quelle langue il connotait, toutes les hypothèses ayant été présentées (langue sémitique, proto-indo-européen, ou du substrat le plus archaïque).

C'est à partir du linéaire A que s'est constitué – très tôt, depuis le XVIIe siècle peut-être – le linéaire B, qui est l'écriture des palais mycéniens, y compris de ceux de Crète après que l'île a été conquise par les Achéens du continent. Il comporte 88 signes, dont une majorité est empruntée au A (ce qui permet les tentatives de décryptage du A). Le déchiffrement de cette écriture a été opéré en 1951 par des savants britanniques et c'est là une des découvertes les plus fécondes de la génération précédente. Les enseignements en sont multiples. D'abord, les tablettes sont rédigées en grec – ce qui confirme l'hypothèse des premières migrations helléniques vers

2000 –, dans un grec très archaïque, plus vieux de plus d'un demi-millénaire que celui des épopées homériques. Le grec est ainsi, avec le hittite parlé en Anatolie de l'autre côté de la mer Égée, la langue indo-européenne la plus anciennement attestée. C'est ensuite une riche documentation, souvent difficile à interpréter, qui nous est offerte, notamment en matière économique (régime de la terre, exploitation des troupeaux royaux, travail et surveillance des forgerons, présence d'esclaves... S'il n'y a aucune tablette religieuse, les dieux apparaissent souvent, surtout quand il faut sortir du trésor royal des vases, de l'encens, des huiles parfumées pour l'exercice du culte.

Ces écritures semblent avoir rempli la fonction d'inventaire et de dénombrement qui était la leur. Et cependant en Asie s'élaboraient, au même moment, des alphabets consonantiques beaucoup plus raffinés, qui évitent les difficultés du linéaire syllabique, Ils acheminent vers un autre monde intellectuel, qui sera ainsi celui de l'écriture grecque des cités.

Pierre Lévêque

Le linéaire A n'a toujours pas été déchiffré.

Le linéaire B fixe la mémoire dans l'argile.

Le panthéon des tablettes mycéniennes

Presque tous les grands Olympiens des siècles ultérieurs sont mentionnés dans les tablettes mycéniennes. Nombre de dieux portent des noms communs transformés en noms propres (ainsi Potnia, la Maîtresse = Athéna; Matere Teija, la Mère divine = Déméter). Certains survivent en tant que petites déïtés (comme Ilithyie, une ancienne Terre-Mère, qui se spécialise dans les accouchements réussis) ou qu'épithètes de grands dieux (Paiawon, Péan, devient une épithète d'Apollon). D'autres disparaissent.

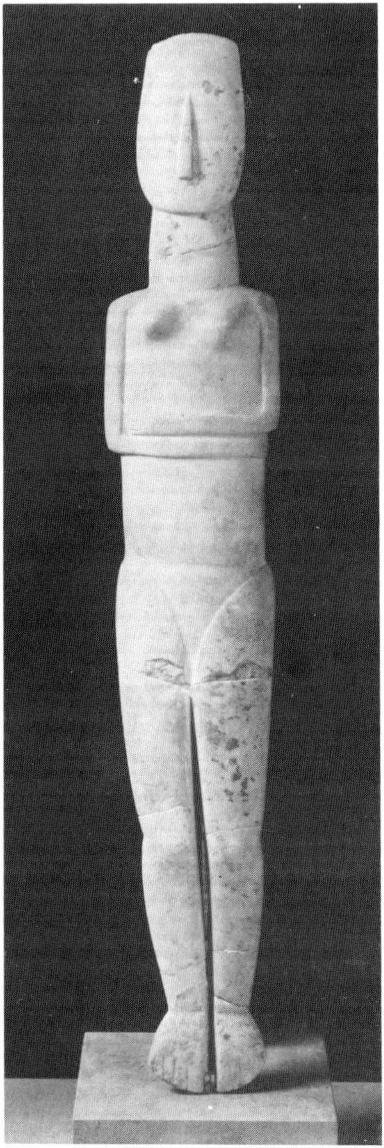

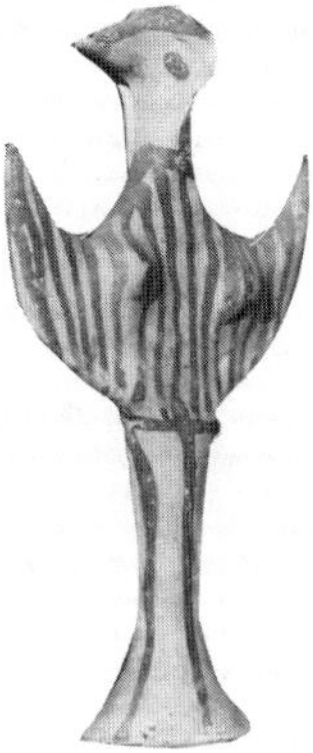

En toute matière, mais surtout en céramique, les idoles, qui figurent les puissances intimes de l'univers, chantent l'élan vital qui anime le cosmos.

DIEUX	DOUBLES FÉMININS DES DIEUX	DÉESSES
De grands Olympiens		
Poseidon →	Posidaeja	
Zeus →	Diwija →	Héra
Arès →	Areja	Artémis
Dionysos		Athéna
Hermès		
Héphaistos		
Des dieux avec un nom commun		
Wanax (Roi)		Wanasoi (les deux reines, Déméter et Coré)
		Potnia (Maîtresse)
Dopota (Maître)		Matere teija (Mère divine)
Des dieux qui survivent mal…		
Enyalios		Sito
Paiawon		Erinys
Smintheus		Ilithyie
Zagreus		Iphimédeia
… ou pas du tout		
Dirimijo		Péleia (colombe)
		Thérasia (chasseresse)
Des Héros		
Dédale		
Tiriseroe (trois fois héros)		

L'évolution de la céramique attique

Ce sont de véritables mutations qui assurent l'évolution rapide de la céramique à Athènes. Après l'abstraction du géométrique, on passe par une phase orientalisante très décorative, puis dès le début du VIe siècle toute l'attention se concentre sur la représentation humaine. Il y a d'abord la figure noire : sujets noirs sur argile rouge; mais, vers 540, la technique s'inverse, le vase est peint en noir, sauf le sujet, réservé en rouge, ce qui autorise désormais une incomparable finesse et la délicatesse du dessin.

Ci-contre, une amphore du Dipylon du XIIIe siècle.
En grand, le très célèbre vase François.
A droite, une hydrie apulienne de Ruvo.

Solon législateur et poète

Solon donne aux Athéniens une nouvelle constitution, en même temps qu'il tente de résoudre la crise sociale en supprimant les dettes. Il exprime dans des élégies, son action et son idéologie du juste milieu. Aristote, dans sa «Constitution d'Athènes», transmet des fragments de ces poèmes.

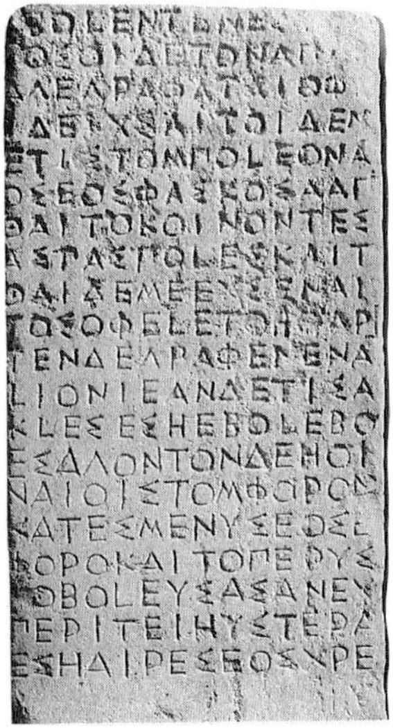

XII. Qu'il en ait été ainsi, tous les autres auteurs en sont d'accord, et lui-même le rappelle en ces termes dans son œuvre poétique:

«Au peuple j'ai donné autant de puissance qu'il suffit, sans rien retrancher ni ajouter à ses droits. Pour ceux qui avaient la force et en imposaient par leur richesse, pour ceux-là aussi je me suis appliqué à ce qu'ils ne subissent rien d'indigne. Je suis resté debout, couvrant les deux partis d'un fort bouclier, et je n'en ai laissé aucun vaincre injustement.»

2 Puis, montrant encore comment on doit traiter le peuple, il dit:

«Le peuple suivrait au mieux ses chefs, si on ne lui lâchait trop la bride et si on ne le brutalisait pas. Car la satiété engendre la démesure, quand une grande fortune échoit à ceux qui n'ont pas une sagesse suffisante.»

3 Puis ailleurs encore il dit à propos de ceux qui voulaient partager la terre:

«Ils venaient au pillage avec de folles espérances, et chacun d'eux s'attendait à trouver une grande richesse et à me voir malgré la douceur de mes paroles trompeuses, dévoiler un esprit impitoyable. Vaines pensées! Maintenant, irrités contre moi, tous me regardent de travers comme un ennemi. C'est à tort; car ce que j'avais dit, je l'ai accompli avec l'aide des dieux; en rien d'autre je n'ai agi à la légère et il ne me plaît pas de rien faire avec une violence tyrannique, ni de donner aux bons et aux mauvais une part égale de la grasse terre de la patrie.»

4 Et encore, à propos de l'abolition des dettes et de ceux qui, auparavant esclaves, avaient été affranchis par la sisachthie (libération du fardeau) :

Solon sur un dessin du XIXe siècle reproduisant une monnaie athénienne.

«Oui, le but pour lequel j'ai réuni le peuple, me suis-je arrêté avant de l'avoir atteint ? Elle peut mieux que tout autre m'en rendre témoignage au tribunal du temps, la vénérable mère des Olympiens, la Terre noire, dont j'ai alors arraché les bornes enfoncée, en tout lieu; esclave autrefois, maintenant elle est libre. J'ai ramené à Athènes, dans leur patrie fondée par les dieux , bien des gens vendus plus ou moins justement, les uns réduits à l'exil par la nécessité terrible, ne parlant plus la langue attique, tant ils avaient erré en tous lieux; les autres ici même subissant une servitude indigne et tremblant devant l'humeur de leurs maîtres je les ai rendus libres. Cela, je l'ai fait par la force de la loi, unissant la contrainte et la justice; et j'ai suivi mon chemin jusqu'au bout comme je l'avais promis. J'ai rédigé des lois égales pour le bon et pour le méchant, fixant pour chacun une justice droite. Si un autre que moi avait appris l'aiguillon, un homme pervers et avide, il n'aurait pu retenir le peuple. Car, si j'avais voulu ce qui plaisait alors aux ennemis du peuple ou encore ce que leurs adversaires leur souhaitaient, la cité fût devenue veuve de bien des citoyens. C'est pourquoi, déployant toute ma vigueur, je me suis tourné de tous côtés, comme un loup au milieu d'une meute de chiens.»

5 Et encore, répondant aux reproches que lui firent plus tard les deux partis:

«S'il faut parler nettement au peuple, ce qu'il a maintenant, il ne l'aurait jamais vu de ses yeux, même en rêve; …et les puissants, plus forts que lui, me vanteraient et seraient mes amis.»

Car, il dit, si un autre avait obtenu cette charge,

«Il n'aurait pas retenu le peuple et ne se serait pas arrêté avant d'avoir troublé le lait et enlevé la crème. Mais moi, comme entre deux armées, je me suis tenu aussi ferme qu'une borne.»…

Aristote,
Constitution d'Athènes,
Coll. des Universités de France

Une concession grecque en terre d'Egypte : Naucratis

A côté des colonies (apoikiai) *qui sont de véritables cités indépendantes, les Grecs se sont installés dans des lieux stratégiques sur le plan des échanges, qui sont seulement des concessions accordées aux marchands par le pouvoir local : ce sont des marchés* (emporia) *dont Naucratis, en terre d'Égypte, est un exemple.*

Jusqu'à la conquête perse, qui diminue notablement sa prospérité, Naucratis, dont les fouilles ont dégagé les temples et le lacis des ruelles, est l'une des cités les plus vivantes du monde grec

in Pierre Lévêque, *L'aventure grecque.*

... (178). Amasis se montra grand ami de la Grèce et, entre autres avantages accordés à des Grecs, donna Naucratis à ceux qui venaient en Egypte, comme ville où s'établir; à ceux qui faisaient escale en Egypte sans vouloir s'y fixer, il accorda des emplacements où élever des autels et des sanctuaires à leurs dieux. Le plus grand, le plus célèbre, et le plus fréquenté de leurs sanctuaires, appelé Hellénion, est fondation commune des cités suivantes: en Ionie Chios, Téos, Phocées et Clazomènes; en Doride Rhodes, Cnide, Halicarnasse et Phasélis, et une seule ville d'Eolide, Mytilène. Le sanctuaire appartient à ces villes, et ce sont elles aussi qui fournissent des

1 — Sanctuaire d'Aphrodite
2 — Sanctuaire d'Héra
3 — Sanctuaire d'Apollon
4 — Sanctuaire des Dioscures
5 — Hellénion

contrôleurs du marché. Toute autre ville qui prétend s'y associer s'arroge un droit qu'elle n'a pas. De leur côté, les Eginètes ont fondé un sanctuaire de Zeus qui leur est particulier, les Samiens un sanctuaire d'Héra, et les Milésiens un sanctuaire d'Apollon.

(179). Naucratis était autrefois le seul port d'Egypte qui fût ouvert au commerce. Le négociant qui s'engageait dans une autre bouche du Nil devait jurer qu'il ne l'avait pas fait exprès et, sa bonne foi confirmée par serment, remettre à la voile pour gagner la bouche Canopique; si les vents contraires l'en empêchaient, il lui fallait transborder sa cargaison sur des barques qui l'apportaient à Naucratis en faisant le tour du Delta. Tel était le privilège accordé à cette ville ...

... (135). Rodhopis vint en Egypte en compagnie du Samien Xanthès; elle vint y exercer le métier de courtisane et fut affranchie pour une somme considérable par un Mytilénien, Charaxos, fils de Scamandronymos et frère de la poétesse Sappho. Ell devint libre ainsi, mais demeura en Egypte où le pouvoir de ses charmes lui fit amasser une fortune énorme ...

Hérodote, livre II
in *Historiens grecs*,
La Pléiade, Gallimard

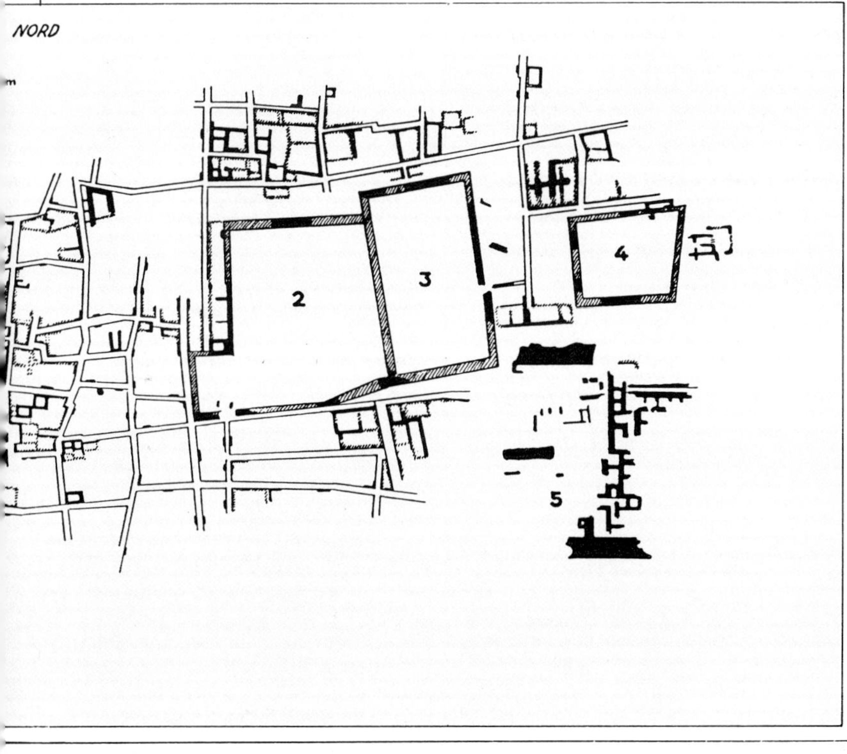

Deux grands Présocratiques du début du Ve siècle

Dans la suite de ses prédécesseurs de l'école de Milet, Héraclite cherche le principe premier qui crée et anime l'univers et il le trouve dans le Feu. Bien qu'il n'ait cessé d'insister sur la mobilité des choses, il reconnaît finalement que «tout est un».
C'est aussi une méditation sur l'être qu'offre Parménide, le chef de l'école d'Élée, dans cette introduction de son poème «De la nature» où la déesse lui apprend que «comment l'être est et qu'il n'est pas possible qu'il ne soit pas» est le seul chemin auquel se fier.

Déjà, dans son enfance, il était un objet d'étonnement: encore jeune, il déclarait ne rien savoir, ce qui n'empêche pas qu'une fois adulte, il prétendait tout savoir. Il ne fut l'élève de personne, mais, disait-il, il faut s'étudier soi-même et tout apprendre par soi-même. Sotion déclare que, d'après certains, il fut l'élève de Xénophane et qu'Ariston, dans son livre sur Héraclite, dit qu'il fut guéri de son hydropisie et mourut d'une autre maladie. Hippobote aussi déclare la même chose.

Le livre qui lui est attribué est, en raison de la matière qu'il embrasse, intitulé De la nature; mais il se divise en trois parties: l'une sur le Tout, l'autre sur la politique et l'autre sur la théologie.

6. Il en fit l'hommage au temple d'Artémis et, d'après certains, il s'était efforcé à un style obscur, afin que seuls les esprits capables en prissent connaissance, et pour échapper au mépris qui résulte du succès. Timon brosse ainsi son portrait: «parmi eux, tel un oiseau braillard, Héraclite, injuriant le public et parlant par énigmes, est apparu debout.» Théophraste met sur le compte d'un tempérament mélancolique l'inachèvement de certaines parties et l'allure hétéroclite de certaines autres. Antisthène, dans ses Successions, rapporte ce trait qui témoigne de sa grandeur d'âme: avoir renoncé en faveur de son frère au titre de roi. Tel fut le renom attaché à son livre qu'une école se fonda après lui et que ses adeptes reçurent le nom d'héraclitéens.

7. Voici dans l'ensemble ce qu'était se doctrine: toutes choses sont constituées à partir du feu et remontent se dissoudre en lui Tout devient conformément au destin et les choses sont harmonieuses par l'accord des contraires. Tout est rempli d'âmes et de démons. Il a parlé encore de toutes les perceptions qui se

La poésie grecque est indissociable de la musique, on chante la nature et les dieux.

produisent dans l'univers, disant: le Soleil a la faille qu'on lui voit. (Il dit encore: «Limites de l'âme [...] renferme.» Il appelait haut mal la présomption et disait que la vie est trompeuse. Il lui arrive parfois de s'exprimer avec éclat et sans obscurité, de sorte que même le plus obtus comprend facilement et en reçoit une grande élévation d'âme. La brièveté et la profondeur de sa pensée sont incomparables.

8. Prises dans le détail, voici ce que sont ses doctrines: le feu est un élément et toutes choses sont convertibles en feu et naissent par raréfaction et condensation. Mais il n'explique rien clairement. Toutes choses naissent selon l'opposition et la totalité des choses coule à la façon d'un fleuve, le tout est limité et le monde est un. Il est engendré à partir du feu, et s'embrase de nouveau selon certaines périodes fixées de toute éternité: cela se produit conformément au destin. Parmi les contraires, celui qui conduit à la génération est appelé guerre et discorde; celui qui conduit à l'embrasement accord et paix; le changement est une route montante-descendante et l'ordonnance du monde se produit selon cette route.

9. En se condensant, le feu s'humidifie; et en se resserrant plus encore, il engendre l'eau; et quand l'eau cristallise, elle se change en terre. Telle est la route descendante. À rebours, la terre se liquéfie, d'elle naît l'eau et de celle-ci les autres éléments. Il ramène presque toutes choses à l'évaporation à partir de la mer. C'est la route montante.

Des exhalaisons claires, l'humide par les autres. Il n'indique pas clairement la nature de l'enveloppe céleste; pourtant il y a en elle des cavités dont la concavité est tournée vers nous et dans lesquelles s'agglomèrent les exhalaisons claires pour former des flammes qui sont les astres. 10/ La flamme du Soleil est la plus brillante et la plus chaude, car les autres astres sont davantage éloignés de la Terre et pour cette raison éclairent et réchauffent moins; quant à la Lune, elle est plus proche de la Terre, mais ne se meut pas à travers l'espace qui est pur En revanche, le Soleil occupe une région limpide et pure et se trouve à une distance proportionnée de nous. C'est pourquoi il échauffe et luit davantage. Il y a éclipse de Soleil et de Lune lorsque les cavités se retournent vers le haut. Les périodes mensuelles de la Lune viennent de ce que sa cavité se retourne petit à petit. Le jour et la nuit, les mois, les saisons et les années, les pluies et les vents et les autres phénomènes de ce genre se produisent selon les différentes exhalaisons. [...]

Héraclite d'Éphèse dit l'Obscur,
d'après Diogène Laërce,
in les *Présocratiques*,
La Pléiade, Gallimard

De la Nature

Les cavales qui m'emportent, m'ont entraîné
Aussi loin que mon cœur en formait le désir,
Quand en me conduisant, elles m'ont dirigé
sur la voie renommée de la Divinité,
Qui, de par les cités, porte l'homme qui sait.
J'en ai suivi le cours; sur elles m'ont porté,
Attelés à mon char, les sagaces coursiers.
Des jeunes filles nous indiquaient le chemin.
L'essieu brûlant des roues grinçait dans les moyeux,
Jetant des cris de flûte. (Car de chaque côté,
Les deux cercles des roues rapidement tournaient),
Cependant que déjà les filles du Soleil,
Qui avaient délaissé les palais de la Nuit,
Couraient vers la lumière en me faisant cortège,
Écartant de la main les voiles qui masquaient
L'éclat de leur visage.
Là se dresse la porte
Donnant sur les chemins de la Nuit et du Jour.
Un linteau et un seuil de pierre la limitent.
Quant à la porte même, élevée vers le ciel,
C'est une porte pleine, aux battants magnifiques,
Et Dikè, aux nombreux châtiments, en détient
Les clefs, dans les deux sens contrôlant le passage.
Pour la séduire et la gagner, les jeunes filles
Usèrent à son chef de caressants propos,
Afin d'habilement la persuader d'ôter,
Rien qu'un petit instant, le verrou de la porte.
La porte bascula, ouvrant un large espace
Entre les deux battants, en faisant pivoter
Les gonds de bronze ciselé sur leurs paumelles
Retenues par des clous et d'épaisses chevilles.
C'est alors que, par là, tout droit, les jeunes filles
Poussèrent à s'engouffrer le char et les cavales
Sur la route déjà tracée par des ornières.
La déesse, avec bienveillance, me reçut.
Elle prit ma main droite en sa main et me dit:
«Jeune homme, toi qui viens ici, accompagné
De cochers immortels, porté par des cavales,
Salut! Car ce n'est point une Moire ennemie,
Qui t'a poussé sur cette voie (hors des sentiers
Qu'on voit communément les hommes emprunter),
Mais Thémis et Dikè. Apprends donc toutes choses,
Et aussi bien le cœur exempt de tremblement
Propre à la vérité bellement circulaire,
Que les opinions des mortels, dans lesquelles
Il n'est rien qui soit vrai ni digne de crédit;
Mais cependant aussi j'aurai soin de t'apprendre
Comment il conviendrait que soient, quant à leur être,
En toute vraisemblance, lesdites opinions,
Qui toutes vont passant toujours.»

Parménide d'Élée,
in *les Présocratiques*,
La Pléiade, Gallimard

Démocrates et régimes démocratiques des VIe et Ve siècles

Tyrans, réformateurs, conducteurs du peuple ont tous contribué à l'établissement progressif de la démocratie à Athènes. Voici les portraits de trois hommes qui ont joué un rôle essentiel dans ce processus : Pisistrate le bonhomme, Clisthène qui tire parti de sa défaite pour «se tourner du côté du peuple» et le plus grand de tous, Périclès.

XVI. Voilà donc comment s'établit dès le début de la tyrannie de Pisistrate et quelles furent ses vicissitudes. 2. Pisistrate gouvernait la ville, comme je l'ai déjà dit, avec modération et plutôt en bon citoyen qu'en tyran. En général il était humain, doux et indulgent pour les délinquants, et en particulier il avançait de l'argent aux pauvres pour leurs travaux, si bien qu'ils gagnaient leur vie en cultivant la terre. 3. Il agissait ainsi pour deux raisons: afin qu'au lieu de passer leur temps à la ville ils restassent dispersés à la campagne et afin que, pourvus d'une honnête aisance et tout entiers à leurs affaires personnelles, ils n'eussent ni le loisir ni le désir de s'occuper de celles de l'État. 4. En même temps ses revenus augmentaient quand la campagne était cultivée; car il prélevait la dîme des produits. 5. C'est dans ce dessein aussi qu'il établit les juges des dèmes, et lui-même sortait souvent dans la campagne pour inspecter et réconcilier ceux qui avaient des différends, afin de les empêcher de descendre à la ville et de négliger leur travail. 6. C'est lors d'une de ces sorties de Pisistrate qu'arriva , dit-on, l'aventure de l'homme qui cultivait dans l'Hymette le lieu appelé plus tard le «Champ France». Pisistrate, voyant quelqu'un qui défonçait et travaillait un endroit qui n'était que pierres, s'étonna et ordonna à son esclave de demander ce que produisait le champ. Et le paysan: «Rien que des souffrances et des gémissements; et c'est sur ces souffrances et ces gémissements qu'il faut que Pisistrate prélève sa dîme.» Cet homme répondait

ainsi par ignorance. Mais Pisistrate, amusé de sa franchise et de son amour du travail, l'exempta de tout impôt. 7. D'ailleurs, dans son gouvernement, il ne gênait en rien le peuple: il lui assurait toujours la paix et veillait à sa tranquillité. Aussi répétait-on souvent avec éloge que la tyrannie de Pisistrate, c'était la vie sous Cronos; car c'est seulement plus tard, quand ses fils lui eurent succédé, que le gouvernement devint bien plus dur. 8. Ce qu'on citait le plus, c'était son amour du peuple et son humanité. Car en tout il voulait gouverner selon les lois sans s'accorder aucune prérogative.

Aristote,
Constitution d'Athènes, XVI,
Coll. des Universités de France,
Les Belles Lettres

(66). Déjà puissante, Athènes le devint plus encore lorsqu'elle fut délivrée de ses tyrans. Deux hommes s'y trouvaient au premier rang: Clisthène, un Alcméonide, l'homme, dit-on, qui avait acheté la Pythie, et Isagoras fils de Tisandre, d'une maison illustre, mais dont je ne saurais indiquer l'origine; cependant on sacrifie dans sa famille à Zeus Carien. Les deux hommes se disputèrent le pouvoir, et Clisthène vaincu se tourna du côté du peuple. Ensuite, à la place des quatre tribus primitives d'Athènes, il en créa dix nouvelles et supprima les noms qui leur venaient des quatre fils d'Ion: Gélon, Aigicorès, Argadès et Hoplès, pour leur en donner d'autres, d'après d'autres héros tous indigènes, sauf Ajax, un héros étranger qu'il leur ajouta comme voisin d'Athènes et son allié […]

(69). Voilà les mesures qu'avait prises le Clisthène de Sicyone. Le Clisthène d'Athènes, petit-fils par sa mère du tyran de Sicyone dont il portait le nom, devait, il me semble, mépriser, lui, les Ioniens: il ne voulut pas laisser les tribus d'Athènes identiques à celles des Ioniens et suivit l'exemple de l'autre Clisthène. Quand il eut gagné l'appui du populaire qui jusqu'alors n'avait pas de rôle dans l'État, il changea les noms des tribus, et accrut leur nombre: il institua dix phylarques — chefs de tribus — au lieu de quatre, et distribua les dèmes entre les tribus, en dix groupes. Comme le peuple était pour lui, il l'emportait aisément sur ses rivaux. […]

Hérodote, livre V
in *Historiens grecs*,
La pléiade, Gallimard

(65). C'est ainsi que Périclès tenta d'apaiser l'animosité que les Athéniens manifestaient à son égard et de détourner leurs pensées des épreuves de l'heure. L'Assemblée se laissa convaincre; on renonça à envoyer des représentants à Sparte et l'effort de guerre fut intensifié. Mais chacun à part soi n'en était pas moins affecté par ses infortunes personnelles, les gens du peuple, parce qu'ils se voyaient privés même des médiocres ressources dont ils disposaient au début de la guerre, et les gens riches, parce qu'ils avaient perdu leurs beaux domaines avec leurs constructions et leurs installations coûteuses. Le plus pénible, c'était l'état

de guerre lui-même, qui faisait regretter la paix. Le mécontentement général ne cessa pas avant qu'on n'eût infligé une amende à Périclès. Puis, peu après, avec cette inconstance dont les foules sont coutumières, les Athéniens le réélirent stratège et lui confièrent à nouveau la direction des affaires. Ils étaient à ce moment-là devenus moins sensibles à leurs souffrances privées et l'on voyait généralement en lui l'homme le mieux fait pour défendre les intérêts de la collectivité. De fait, pendant tout le temps qu'il s'était trouvé, au cours des années de paix, à la tête de la cité, il avait su, grâce à une politique avisée, assurer sa sécurité et elle parvint ainsi sous sa direction à l'apogée de sa puissance. Et quand la guerre eut éclaté, là encore il est constant qu'il sut discerner ce qui faisait la force d'Athènes. Il vécut encore deux années et demie et, après sa mort, on se rendit encore mieux compte de la clairvoyance de sa stratégie. Il avait dit à ses concitoyens qu'ils l'emporteraient à condition de rester dans l'expectative, de prendre bien soin de leur flotte, de ne pas chercher à étendre leur empire pendant la durée des hostilités et d'éviter de lancer la cité dans les aventures. Après sa disparition, les Athéniens prirent en tout point le contre-pied de cette stratégie et, dans les autres domaines aussi qui ne concernaient apparemment en rien les opérations militaires, ils engagèrent l'État dans des entreprises servant des ambitions et des convoitises particulières, mais néfastes pour la cité et ses alliés. Tant qu'elles réussissaient, c'est à quelques individus qu'elles rapportaient honneur et profit, mais quand elles échouaient, c'était la conduite des opérations et la cité elle-même qui en souffraient.

Cela s'explique quand on pense que Périclès, grâce à l'estime qu'il inspirait, à son intelligence et à son évidente intégrité, avait acquis une autorité qui lui permettait de contenir le peuple tout en respectant sa liberté. Il n'était pas de ceux qui se laissent diriger par lui plutôt qu'ils ne le dirigent, car, ne cherchant pas à accroître son pouvoir par des moyens condamnables, il ne lui adressait jamais de paroles dictées par la complaisance. Tel était le crédit dont il jouissait qu'il allait même jusqu'à provoquer sa colère en s'opposant à ses désirs Quand il

Pendant près de trente ans, le peuple d'Athènes

se guider par Périclès dont l'intelligence et surtout l'éloquence l'emportent sur tous.

voyait les Athéniens manifester mal à propos une confiance excessive, il les intimidait par des discours alarmants et, inversement, quand ils se trouvaient en proie à des craintes injustifiées, il savait les rassurer. Théoriquement, le peuple était souverain, mais en fait l'État était gouverné par le premier citoyen de la cité.

Parmi ses successeurs, aucun ne put affirmer une véritable supériorité sur les autres. Désirant tous atteindre à la première place, ils se mirent pour complaire au peuple, à lui abandonner la conduite des affaires. Par la suite, comme on pouvait s'y attendre dans une grande cité placée à la tête d'un empire, bien des erreurs furent commises et tout particulièrement l'expédition de Sicile. […]

Thucydide, II, 65,
in *Historiens grecs*,
La Pléiade, Gallimard

Un détracteur de la démocratie athénienne: «le vieil oligarque» du pseudo-Xénophon

Nous avons la chance de disposer d'un texte anonyme, faussement attribué à Xénophon: «la Constitution des Athéniens» du «vieil oligarque». Farouchement attaché à l'aristocratie, il brosse une fresque très lucide du paysage politique, montrant bien que le peuple – ceux qu'il appelle les méchants! – a raison, dans son optique, d'agir comme il le fait.

I -1 - Et, en ce qui concerne le régime des Athéniens, je ne les approuve pas d'avoir choisi le comportement politique qu'implique ce régime; la raison en est que, par ce choix, ils ont choisi l'intérêt des méchants plutôt que celui des honnêtes gens; voilà exactement ce que je n'approuve pas. Mais, puisqu'ils en ont décidé ainsi, j'entends démontrer qu'ils préservent parfaitement leur régime et que, pour le reste, ils obtiennent d'heureux résultats de ce qui se passe pour faute aux yeux des autres Grecs.

2 - Ce que je tiens à dire, dès le début, c'est qu'il paraît juste qu'à Athènes les pauvres et le peuple l'emportent sur les nobles et les riches, car c'est le peuple qui fait naviguer les vaisseaux de guerre et qui donne à la cité sa puissance, car ce sont les pilotes, les chefs de nage, les maîtres d'équipage en second, les vigies de la proue, les constructeurs de navires qui font la puissance de la cité, beaucoup plus que les hoplites, les nobles et les honnêtes gens. Donc, puisqu'il en est ainsi, il parait juste que tout le monde participe aux magistratures, par tirage au

sort et élection et que la parole soit accordée à tout citoyen qui la demande.
3 - Et cependant, pour ce qui est des magistratures qui font le salut du peuple tout entier, si elles ont bien gérées, et sa perte, si elles le sont mal, à ces magistratures-là, le peuple ne demande nullement à participer (ni à la stratégie, ni à l'hipparchie les Athéniens ne jugent utile de participer, personnellement, par tirage au sort). Le peuple, en effet se rend compte qu'il a bien plus de profits à ne pas exercer lui-même ces magistratures et à ce que ce soient, au contraire, les plus capables qui le fassent. Mais, pour ce qui est des magistratures qui apportent salaire et profit à la maison, celles-ci, le peuple cherche à les exercer.

4 - Alors, certains de s'étonner que les Athéniens fassent, en toutes circonstances, la part la plus grande aux méchants, aux pauvres et aux hommes du peuple qu'aux honnêtes gens; c'est précisément en quoi ils se montrent les fidèles gardiens de la démocratie. En effet, la prospérité des pauvres, des hommes du peuple et des inférieurs, la multiplication des gens de cette sorte, renforcent la démocratie; mais, si ce sont les riches et les honnêtes gens qui prospèrent, c'est la classe opposée à la leur que les hommes du peuple laissent se renforcer. 5 - Or en tout pays, l'élite est opposée à la démocratie car c'est chez les meilleurs qu'il y a le moins de dérèglement et d'injustice et, en revanche, le plus d'efforts pour cultiver leurs qualités, tandis que c'est dans le peupls que l'on trouve le plus d'ignorance, de désordre et d'inculture. En effet, ce qui pousse surtout les hommes aux vices, c'est la pauvreté ainsi que l'absence d'éducation et l'ignorance qui, chez certains, sont la conséquence du manque d'argent.

Claudine Leduc
La constitution d'Athènes,
Les Belles Lettres, 1976

Un culte orgiastique: le ménadisme

Nietzsche voyait la Grèce partagée entre l'esprit apollinien et l'esprit dionysiaque. C'est Dionysos qui règne ici, dans les redoutables errances des Ménades (littéralement, des affolées). Euripide les met en scène dans sa tragédie des Bacchantes *et les céramistes du Ve siècle les représentent souvent sur les vases.*

Possédées par Dionysos, les femmes quittent le gynécée et se répandent dans les montagnes, elles saisissent des animaux sauvages et les mangent crus. C'est l'inversion de la vie normale et du sacrifice traditionnel.

Sa mère, la première, en sacrificatrice, prélude au meurtre et fond sur lui: mais, arrachant sa mitre, pour que l'infortunée Agavé le pût reconnaître et ne pas le tuer, Penthée lui caressait la joue et lui disait: «Mère, c'est moi: je suis ton fils Penthée, que tu as mis au monde au palais d'Échion. Ah! prends pitié de moi, ma mère, et ne va point, pour châtier mes fautes, immoler ton enfant!» Mais, l'écume à la bouche, et les yeux révulsés, n'ayant plus sa raison, de Bakkhos possédée, Agavé ne l'écoute point. Elle prend des deux mains son bras gauche, et s'arc-boutant du pied au flanc de cet infortuné, désarticule, arrache l'épaule, non point certes avec ses seules forces, mais avec celles que le Dieu lui communique. Inô, sur l'autre flanc, œuvrait pareillement et lacérait la chair, tandis qu'Autonoé venait à la rescousse avec la troupe entière des femmes. Ce n'étaient que confuses clameurs, lui, gémissant tant qu'il lui reste un peu de souffle, elles poussant le cri d'assaut: l'une emportant un bras, une autre un pied avec le soulier même – et les flancs lacérés se dépouillaient de chair. De leurs sanglantes mains, toutes, ainsi qu'au jeu de la balle, en tous sens dispersaient les lambeaux de la chair de Penthée: et son corps mutilé gisait de part et d'autre sous les âpres rochers, dans les fourrés des bois, où l'on ne trouverait ses restes qu'à grand-peine… Quant à la tête de l'infortuné, sa mère l'a prise entre ses mains et plantée sur son thyrse; elle croyait porter la tête d'un lion, par tout le Cithéron promenant son trophée; ayant laissé ses sœurs aux danses des Ménades, elle s'enorgueillit de son butin funeste, et marche vers nos murs, invoquant Bakkhios son partenaire, son compagnon de chasse, le beau vainqueur auquel elle apporte un trophée arrosé de ses pleurs… Mais

adieu! car je fuis devant cette infortune, et je ne veux pas voir apparaître Agavé auprès de ce palais! Ah! garder la mesure et respecter les Dieux, c'est le plus beau parti, c'est aussi le plus sage, et le bien le plus sûr, je crois, pour les mortels! [...]

Euripide,
Les Bacchantes,
Coll. des Universités de France, tome VI

Il y a une assez abondante imagerie due aux décorateurs céramistes du Ve et de IVe siècle en particulier qui ont eu une certaine prédilection pour les sujets dionysiaques et qui, en traitant ces sujets, y ont associé des figures féminines dans lesquelles on est en droit de reconnaître des représentations de Ménades dansantes ou au repos. Cela d'autant plus que l'artiste, dans les poses prêtées à un certain nombre de ces danseuses, a manifestement cherché et réussi à s'exprimer l'outrance des attitudes qui

correspond à la gesticulation violente dont s'accompagent les états de transe ou qui a pour objet d'en déclencher le mécanisme: flexion du buste en avant ou contraction en arrière allant jusqu'à réaliser l'arc de cercle, renversement de la nuque, tournoiement de la tête ou du corps, ces mouvements, que l'art postérieur stylisera, ont été rendus dans certains cas avec un réalisme qui ne laisse pas douter que le peintre se soit inspiré de scènes réelles. Les cliniciens les premiers, qui leur ont consacré des études spéciales, ont mis en évidence l'identité de ces attitudes et de celles qui s'observent, soit au cours de l'attaque hystérique, soit dans les représentations de possédés par des artistes modernes. […]

H. Jeanmaire
Dionysos, Histoire de Bacchus,
Payot, 1970

Un vibrant appel au patriotisme des Athéniens

Dans la péroraison de la «Première Philippique», qui est peut-être la plus belle des «Harangues» où Démosthène tente de toute son éloquence, de toutes ses forces, de pousser les Athéniens à l'action, il offre deux politiques : le lâche abandon, dont on voit les résultats catastrophiques, et le courage qui dresserait la cité entière contre les entreprises scandaleuses du roi de Macédoine et permettrait de lui opposer non plus des mercenaires indolents mais des soldats-citoyens. Démonstration pleine d'élan, pressante et vigoureuse, dont on sait qu'elle n'eut guère de succès, la situation restant inchangée dans les années suivantes…

42 Vraiment, il me semble, Athéniens, que quelque dieu, rougissant pour vous de ce qui se passe, suggère à Philippe ce besoin d'agir. Car si lui, content de ce qu'il a conquis en vous devançant, s'était tenu en repos, s'il n'avait rien tenté de plus, j'imagine que quelques-uns d'entre vous n'en auraient pas demandé davantage, satisfaits d'une situation qui infligerait à la ville une flétrissure de lâcheté, la dernière des hontes; mais comme il entreprend toujours, comme il désire toujours plus qu'il n'a, on peut espérer qu'il secouera votre indifférence, si vous n'avez pas abdiqué définitivement. 43 Non, je ne peux comprendre, quant à moi, que vous ne réfléchissiez pas, que vous n'éprouviez pas de la colère en voyant qu'au début de cette guerre nous voulions punir Philippe et que nous visons à la terminer en l'empêchant de nous ruiner. N'est-il pas évident, en effet, qu'il ne s'arrêtera pas, si on ne lui barre la route? Alors, le laisserons-nous faire et pensez-vous qu'il suffira d'expédier des trières vides, avec les espérances que tel ou tel vous aura suggérées, pour que tout aille bien? 44 N'allons-nous pas enfin nous

Des monnaies battues par Philippe II de Macédoine, le farouche ennemi d'Athènes.

embarquer? Ne ferons-nous pas campagne nous-mêmes, du moins par un contingent de soldats qui soient des nôtres, si nous ne l'avons pas fait jusqu'ici? Nos vaisseaux n'iront-ils pas l'attaquer? — «Où débarquerons-nous?» me demande-t-on. Les points faibles de l'ennemi, Athéniens, c'est la guerre même qui les découvrira, pour peu que nous l'entreprenions. Mais si nous restons ici à écouter nos orateurs s'injurier et s'accuser mutuellement, soyez certains que rien de ce qu'il faut ne se fera jamais. 45 Dites-vous bien que partout où est envoyée une fraction de la cité, sinon la cité tout entière, la faveur des dieux et notre fortune combattent avec nous. Mais quand vous expédiez seulement un stratège avec un décret vide d'effet et des promesses oratoires, rien de ce qui est indispensable ne se fait; alors, nos ennemis se rient de nous et nos alliés meurent de peur à l'approche de nos vaisseaux. 46 C'est qu'il est impossible en effet, oui impossible, qu'un homme tout seul accomplisse tout ce que vous voulez. Promettre et affirmer, accuser un tel, puis tel autre, voilà ce qui est possible. Seulement, à ce jeu-là, nous avons tout perdu. Lorsque notre stratège n'a sous ses ordres que de misérables mercenaires que vous ne payez pas, lorsque, d'autre part, il y ici des gens qui mentent à cœur joie à propos de ses opérations, et que vous, sur leurs rapports, vous prenez des décisions à tort et à travers, à quoi faut-il s'attendre?

47 Comment donc tout cela pourra-t-il cesser? Lorsque vous, Athéniens, vous aurez des soldats qui seront en même temps les témoins des opérations et les juges des redditions de compte à leur retour, de telle sorte qu'au lieu d'apprendre par ouï-dire ce qu'on fait pour vous, vous serez là pour le voir. Aujourd'hui, quelle honte! chacun de nos stratèges subit ici deux et trois accusations capitales, mais il n'en est pas un qui, devant l'ennemi, ose une seule fois affronter la mort en combattant. Ils préfèrent celle des faiseurs d'esclaves et des voleurs de grand chemin au trépas du soldat. Car si c'est le fait du malfaiteur de mourir condamné, le

Démosthène fut un modèle de patriotisme, d'une intelligence égale à sa fermeté. L'échec définitif contre l'envahisseur macédonien le poussa au suicide.

stratège, lui, doit tomber face à l'ennemi qu'il combat. 48 Et de nous autres ici, les uns vont par les rues déclarant que Philippe, d'accord avec les Lacédémoniens, prépare la ruine des Thébains et la dissolution de la Béotie, d'autres qu'il a envoyé des députés au roi de Perse, d'autres qu'il fortifie des villes en Illyrie, d'autres encore forgent à plaisir des nouvelles qu'ils corportent çà et là.

49 Pour ma part, Athéniens, je veux bien croire, par les dieux, qu'il est tout enivré de ses succès et qu'il roule en imagination beaucoup de rêves de cette sorte, parce qu'il voit que personne ne lui fait obstacle et qu'il est exalté par ses succès, mais je ne pense pas, par Zeus, qu'il veuille se conduire de telle façon que les plus dénués de bon sens ici sachent quels sont ses projets. Or, les plus dénués de bon sens ce sont les faiseurs de nouvelles.

50 Dédaignant donc ces bavardages, si nous nous mettons dans l'esprit que ce: homme est l'ennemi, qu'il nous prend c qui est à nous, que depuis longtemps il nous insulte, que toujours, quand nous avons compté sur d'autres pour faire nos affaires, tout a tourné contre nous, que l'avenir dépend donc de nous seuls et enfin que, faute de vouloir dès aujourd'hui le combattre là-bas, c'est ici peut-être que nous y serons contraints, si, dis-je, nous comprenons bien tout cela, alors nous serons décidés à faire ce qu'il faut et débarrassés des vains discours. Car il ne s'agit plus maintenant de nous demander ce qui arrivera; il faut bien savoir que si vous n'y donnez toute votre attention, si vous n'êtes pas résolus à faire tout votre devoir, la situation est franchement mauvaise [...]

Démosthène,
Premières Philippiques,
in *Harangues*, tome 1,
Coll. des Universités de France

CHRONOLOGIE

4500-2600 Néolithique

2600-1950 Bronze ancien

1580	Migration des premiers Grecs Premiers palais minoens Écriture linéaire A

1950-1580 Bronze moyen

1700	Destruction des premiers palais minoens et début des seconds palais
XVII-XVIe	Écriture linéaire B

1580-1100 Bronze récent

XVI-XIIIe	Construction et agrandissement des palais mycéniens Tombes royales somptueuses
1480	Conquête de la Crète par les Achéens
1230-1220	Prise de Troie
1200	Migration des Doriens
XIIe	Destruction des palais mycéniens

XII-IXe Ages Sombres

1100-1000	Migration des Grecs sur la côte d'Anatolie
1100-900	Début de l'âge du Fer Céramique proto-géométrique
X-IXe	Constitution des royaumes homériques

VIII-VIe L'Archaïsme

900-750	Céramique géométrique
800	Genèse des cités Reprise del'expansion marchande
776	Fondation des jeux Olympiques
750	Début de l'expansion coloniale
730	Débuts du combat hoplitique
VIIIe	Homère et Hésiode Création de l'écriture
VIIIe	Les premiers temples
VIIe	Céramique orientalisante
600	Fondation de Marseille
fin VII-VIe	Les philosophes ioniens Les lyriques Céramique à figures noires
600-570	Clisthène, tyran à Sicyone
594-593	Réformes de Solon à Athènes
561-528	Pisistrate, tyran à Athènes
550	Repli de Sparte sur elle-même
508-507	Réformes de Clisthène à Athènes

V-IVe Le Classicisme

499-493	Révolte de l'Ionie contre les Perses
490-479	Guerres médiques
480	Himère (victoire en Occident sur les Carthaginois)
477	Création de la ligue de Délos
464	Révolte des hilotes à Sparte
457-456	Réformes démocratiques de Périclès
V^e	Triomphe des arts dramatiques et de l'histoire Les Présocratiques et Socrate Un art olympien
447-438	Le Parthénon, apogée de Phidias
429	Mort de Périclès
431-404	Guerre du Péloponnèse et chute d'Athènes
399	Mort de Socrate
404-378	Hégémonie de Sparte
386	La «Paix du Roi»
378-371	Revanche d'Athènes
371-362	Grandeur de Thèbes
362	Mort d'Epaminondas
IVe	Triomphe de l'éloquence, d'Isocrate à Démosthène Platon et Aristote Un art nouveau
338	Victoire de Philippe II de Macédoine sur les Grecs à Chéronée
336-323	Règne d'Alexandre le Grand

(chronologie établie par Pierre Lévêque)

BIBLIOGRAPHIE

Ouvrages généraux

Lévêque P., *L'aventure grecque*, (Armand Colin), 5e édition, 1989.

Lévêque P. et Séchan L., *Les grandes divinités de la Grèce*, 1990.

Musti D., *Storia Greca*, Rome, 1989.

Chapitre premier

Christopoulos G.A. et *al.*,*History of the hellenic world, prehistory and protohistory*, Athènes, 1974.

Demargne P., *Naissance de l'art grec*, (Gallimard, Univers des formes) 1974.

Chapitre II

Austin M. et Vidal-Naquet P., *Economies et sociétés en Grèce ancienne*, 1973.

Charbonneaux J. et *al.*, *Grèce archaïque*, (Gallimard, Univers des formes) 1968.

Finley M., *Le monde d'Ulysse*, 1986.

Forrest W.G., *La naissance de la démocratie grecque*, 1966.

Snodgrass A., *La Grèce archaïque*, 1986.

Chapitre III

Charbonneaux J. et *al.*, *Grèce classique*, (Gallimard, Univers des formes) 1969.

Loraux N., *L'invention d'Athènes*, 1981.

Vidal-Naquet P., *Le chasseur noir*, 1983.

Will E., *Le monde grec et l'Orient, le Ve siècle*, 1972.

Will E. et *al.*, *Le monde grec et l'Orient, le IVe siècle et l'époque hellénistique*, 1975.

COUVERTURE

1er plat Amazonomachie, détail d'un cratère attique du peintre de Berlin, 445 av. J.-C., Metropolitan Museum, New York.
Dos Athlète de bronze, Ve siècle av. J.-C., Olympie.
4e plat Masque d'or dit d'Agamemnon, art mycénien, 1550-1500 av. J.-C., Musée national, Athènes.

OUVERTURE

1 Vase à libations en forme de tête de taureau en provenance de Cnossos, 1700-1600 av. J.-C., Musée archéologique, Héraclion.
2/3 Reconstitution du palais de Cnossos par sir Arthur Evans, 1935.
4/5 *idem.*
6/7 Reconstitution du palais de Nestor à Pylos, aquarelle de Piet de Jong.
8/9 Reconstitution de la salle du trône de Pylos par Piet de Jong.
11 Ephèbe entre deux courtisanes, peinture d'une péliké apulienne, Bibliothèque des Arts Décoratifs.

CHAPITRE I

12 Héraclès combattant l'Hydre de Lerne, peinture de Reni, Musée du Louvre.
13 Zeus à la lance en provenance de Dodone, VIIe siècle av. J.-C., Musée national, Athènes.
14 Epée et pointe de lance en bronze en provenance de Mycènes, gravure de Gustave Fougères in *La vie publique et privée des Grecs et des Romains*, Librairie Hachette, 1894.
14/15 Hache de bronze provenant de la grotte d'Arkalochori, art minoen, vers 1600 av. J.-C., Musée d'Héraclion.
15 Tombe à Dimini.
16 Fresque du roi-prêtre, palais de Cnossos, vers 1500 av. J.-C.
17 Reconstitutions du palais de Cnossos, en haut : salle du trône, en bas : véranda des gardes, par sir Evans.
18h Magasins de Cnossos.
18/19 Vases minoens, Mochlos, vers 2500-2200 av. J.-C., Musée d'Héraclion.
19 Pendentif en or, trésor dit d'Egine, art minoen, vers 1800-1700 av. J.-C., British Museum, Londres.
20 Fresque des dauphins dans l'appartement de la reine, Cnossos, XVIe siècle av. J.-C.
20/21 Fresque de la Parisienne, Cnossos, même époque, Musée d'Héraclion.
21 Fresque de la procession, Cnossos, même époque, Musée d'Héraclion.
22 Tablettes du linéaire B, Cnossos, XIIIe siècle

CHAPITRE II

Musée du Louvre.
66h Masque de tragédie, VIe siècle av. J.-C., Musée national, Athènes.
66b Citharède, détail d'un vase attique, 490 av. J.-C., peintre de Berlin, Metropolitan Museum, New York.
67h Masque de tragédie, VIe siècle av. J.-C., Musée national, Athènes.
67b Scène de sacrifice, plaque corinthienne, vers 540 av. J.-C., Musée national, Athènes.
68h Scène de funérailles, canthare, VIIe siècle av. J.-C., Bibliothèque Nationale, Paris.
68b Chapiteau ionique de l'Erechteion et chapiteau dorique, gravure de Gustave Fougères, 1894, *op.cit.*
69 Koré 686, vers 490 av. J.-C., Musée de l'Acropole, Athènes.
70/71 Jeux pour les funérailles de Patrocle, fragment de dinos attique, vers 580 av. J.-C., Pharsale, Musée national, Athènes.
72/73 Gymnastes, détail de kylix attique, 500-475 av. J.-C., British Museum, Londres.
74b Navire, détail de coupe attique de Nikosthénès, vers 520 av. J.-C., Musée du Louvre.
75h Pesée de marchandises, détail d'une amphore attique d'Agrigente, VIe siècle av. J.-C., Metropolitan Museum, New York.
75b Monère, détail d'un vase du Dipylon, gravure de Gustave Fougères, 1894, *op.cit.*
76/77h Le débarquement des compagnons de Thésée, détail du vase François, vers 570 av. J.-C., Musée archéologique, Florence.
76/77b Egée consultant l'oracle de Delphes, détail de coupe, peintre de Codros, Ve siècle av. J.-C., Staatliche Museen, Berlin.
78 Fondation de Marseille par les Phocéens, gravure du XIXe siècle.
79 Dispute entre Héraclès et Apollon pour le tripode de Delphes, plaque attique, vers 550 av. J.-C., Musée archéologique du Pirée.
80h Héraclès et les Cercopes, métope du temple C de Sélinonte, 550-540 av. J.-C., Musée national, Palerme.
81h Koré de Sicile, Ve siècle av. J.-C., Musée de Syracuse.
80/81b Les travaux d'Héraclès, gravure du XIXe siècle, Bibliothèque Nationale, Paris.
82 Héraclès chez Iphitos, servi par Iole, en présence d'Eurytios, détail de cratère à colonnettes corinthien, vers 600 av. J.-C., Musée du Louvre.
83 Temple de la Concorde à Agrigente, gravure de Gustave Fougères, 1894,*op.cit.*
84h Dionysos dans un bateau, coupe attique de Vulci, vers 530 av. J.-C., Staatliche Museen, Berlin.
84b Cybèle, début du IVe siècle av. J.-C., Musée de Thessalonique.
85 Culte de Cybèle, gravure du XIXe siècle, Bibliothèque Nationale, Paris.
86h Diadème en or trouvé dans la tombe d'une princesse celtique à Vix, VIe siècle av. J.-C., Musée de Chatillon/Seine.
86b La dame d'Elche, Ve siècle av. J.-C., Musée archéologique, Madrid.
87 Cratère de Vix, *op.cit.*

CHAPITRE III

88 Socrate, fresque de Pompéi.
89 Intérieur d'école, déroulé de vase, gravure de Gustave Fougères, 1894, *op.cit.*
90h Darius, vase attique, vers 340 av. J.-C., Musée national, Naples.
90b Combat entre un Grec et un Mède,détail d'une œnochoé, style libre attique, IVe siècle av. J.-C., Musée du Louvre.
91 Bataille équestre de Marathon, in *Histoire universelle jusqu'à César*, manuscrit du XIIIe siècle, Bibliothèque Nationale, Paris.
92/93 Léonidas aux Thermopyles, peinture de David, Musée du Louvre.
93 Buste de Spartiate dit de Léonidas, 490 av. J.-C., Musée de Sparte.
94 Bataille de Platées, frise ouest du temple d'Athéna Niké sur l'Acropole, Ve siècle av. J.-C., British Museum, Londres.
95h Reconstitution du site de Délos, aquarelle de Nenot, 1882, Ecole nationale des Beaux Arts.
95 Athéna Elgin, 460 av. J.-C., Metropolian Museum, New York.
96 Scène de combat, IVe siècle av. J.-C., Musée du Louvre.
97h Latomies de Syracuse, gravure de Gustave Fougères, 1894, *op.cit.*
97b Trière athénienne, base de relief, époque classique, Athènes.
98h Tête en ivoire de Philippe II de Macédoine, trouvée dans la tombe royale de Vergina, IVe siècle av. J.- C., Musée de l'Université de Thessalonique.
98b Peigne d'or, Solokha, début du IVe siècle av. J.-C.
99 Siège d'une ville, monument des Néréides à Xanthos, British Museum, Londres.
100h Tablettes d'héliastes, gravure du XIXe siècle, Musée national, Athènes.
100/101 Ostraka, IVe siècle av. J.-C., Musée de l'Agora, Athènes.
101h Machine électorale, Musée de l'Agora, Athènes.
101b Buste de Périclès, 440 av. J.-C., British

Museum, Londres.
102 Noms d'esclaves gravés sur les murs de Delphes.
103 La mort de Socrate, peinture de Diotti, Musée civique de Crémone.
104 Lycurgue montrant leur roi aux anciens de Sparte, esquisse de David, 1791, Musée de Blois.
105 Elève et son maître, détail d'une coupe attique du IVe siècle av. J.-C.
106 Une école à Athènes, gravure de Gustave Fougères d'après un déroulé de vase, 1894, *op.cit.*
107 Ecole d'Athènes, peinture de Raphaël, Musée du Vatican, Rome.
108 Double buste d'Hérodote et Thucydide, Musée de Naples, gravure de Gustave Fougères, 1894, *op.cit.*
109h Buste de Platon, Musée du Capitole, Rome.
110 Relief de Triptolème, 440 av. J.-C., Athènes.
111 Centaure enlevant Deidamie, détail du fronton ouest du temple de Zeus à Olympie, vers 460 av. J.-C., Musée d'Olympie.
112/113 Défilé des Panathénées, fragment de la frise du Parthénon, 442-436 av. J.-C., Musée du Louvre.
114h Poseidon, Apollon et Artémis, détail de la frise est du Parthénon, 447-432 av. J.-C., Musée de l'Acropole, Athènes.
114 Hermès portant Dionysos enfant, sculpture de Praxitèle, vers 330 av. J.-C., Musée d'Olympie.
115h Tête d'Alexandre le Grand par Lysippe, IVe siècle av. J.-C.
115b Restauration du temple d'Epidaure, aquarelle d'Alphonse Defraisse, Ecole nationale des Beaux Arts.
116/117 Restauration de la façade ouest du Parthénon par Marcel Lambert, envoi de 1877, Ecole nationale des Beaux Arts.
118/119 Restauration de l'Altis d'Olympie par Lanoux, Ecole nationale des Beaux arts.
120/121 Athéna, restauration du Parthénon par Louviot, coupe transversale, Ecole nationale des Beaux Arts.
122 Athéna dite du Varvakion, sculpture de Phidias, vers 438 av. J.-C., Musée national, Athènes.
123h Restauration du télestérion d'Eleusis par Victor Blavette, 1884, Ecole nationale des Beaux Arts.
123b Dionysos, détail d'un vase attique, vers 410 av. J.-C., Musée national, Naples.
124 Asclépios soignant une jeune femme, Musée national, Athènes.
125h Ariane et Dionysos, détail de kylix, Villa Giulia, Rome.
125b Danse des Bacchantes autour de l'idole de Dionysos, détail de stamnos, vers 420 av. J.-C., peintre du Dinos, Musée national, Naples.
126 Tombe du plongeur, peinture murale, Ve siècle av. J.-C., Paestum.
127 Zeus ou Poséidon, IVe siècle, Musée national, Athènes.
128 Apollon jouant de la cithare, IVe siècle, Musée national, Naples.

TEMOIGNAGES ET DOCUMENTS

129 Reconstitution de l'appartement de la reine au palais de Cnossos, par Sylvia Hahn, 1940, Royal Ontario Museum, Toronto.
130 Apollon du Belvédère, Musée du Vatican, Rome.
133 L'oracle de Delphes sur son trépied, relevé de vase grec, Bibliothèque Nationale, Paris.
134/135 Cortège antique en Grèce, peinture de Vagnier, salon de 1898.
136/137 Entrée de l'Acropole d'Athènes, gravure de Gustave Fougères d'après la restauration de Marcel Lambert, 1894, *op. cit.*
138 Façade ouest du Parthénon, gravure de Gustave Fougères, 1894, *op. cit.*
140/141 Tablettes des Linéaires A et B, in *Le déchiffrement du linéaire B* par John Chadwick, Bibliothèque des Histoires, Gallimard, 1972.
142 Idole féminine des Cyclades, 2700-2300 av. J.-C., Musée national, Athènes.
143 à gauche et à droite, Statuettes de bronze, créto-mycéniennes, Musée du Louvre.
143 au milieu, Statuette de céramique, art créto-phénicien, Musée du Louvre.
144b Amphore du Dipylon, XIIIe siècle av. J.-C., Musée national, Athènes.
144/145 Vase François, signé par Ergotimos et Clitias, vers 570 av. J.-C., Musée archéologique, Florence.
145b Cratère à volutes, vers 410 av. J.-C., Musée national, Tarente.
147 Portrait de Solon, Bibliothèque Nationale, Paris.
148/149 Plan de Naucratis, in *L'Aventure grecque* de Pierre Lévêque, Armand Colin, 5e ed., 1989.
151 Linos enseignant la musique à Iphiclès, détail de skyphos, vers 480-470 av. J.-C., Schwerin, Staatliches Museum.
152 Héraclite, gravure de Desrochers.
154/155b Scènes de labour, gravure de Gustave Fougères, 1894, *op.cit.*
157 Périclès haranguant la foule à

Athènes.
159 Figures d'Homère, gravure du XIXe siècle, Bibliothèque Nationale, Paris.
161 Ménades dansant devant Dionysos,détail d'un cratère à volutes, peintre des Karneia, vers 410 av. J.-C., Musée national, Tarente.
162/163 Fin de Bacchanale, peinture de Vasarri, salon de 1899, Paris.
164/165 Monnaie de Philippe II de Macédoine, Bibliothèque Nationale, Paris.
166 Portrait de Démosthène, gravure de la Bibliothèque Nationale, Paris.
167 Athéna et Héra, relief d'un traité du IVe siècle av. J.-C. entre Athènes et Samos, Musée de l'Acropole, Athènes.
170 L'oracle de Delphes, relevé d'un vase classique.

INDEX

A

C - D - E

G - H - I - L

M - N - O - P

S

T - U - X - Z

SIXTVS . V . PONT . MAX.
SIGNA ALEXANDRI MAGNI CELEBRISQ EIVS BVCEPHALI EX ANTIQVITATIS
TESTIMONIO PHIDIAE ET PRAXITELIS AEMVLATIONE HOC MARMORE AD VIVAM EF-
FIGIEM EXPRESSA A FL· CONSTANTINO MAX· E GRAECIA ADVECTA SVISQ IN THERMIS IN
HOC QVIRINALI MONTE COLLOCATA TEMPORIS VI DEFORMATA LACERAQ· AD EIVSDEM IMP. MEMO-
RIAM VRBISQ DECOREM IN PRISTINAM FORMAM RESTITVTA HIC REPONI IVSSIT
AN. M D L XXXIX PONT. IIII
PHIDIAS NOBILIS SCVLPTOR
AD ARTIFICII PRAESTANTIAM
DECLARANDAM
ALEXANDRI BVCEPHALVM
DOMANTIS EFFIGIEM
E MARMORE EXPRESSIT
PRAXITELES SCVLPTOR
AD PHIDIAE AEMVLATIONEM
SVI MONVMENTA INGENII
POSTERIS RELINQVERE CVPIENS
EIVSDEM ALEXANDRI BVCEPHALIQ
SIGNA FELICI CONTENTIONE
PERFECIT
ALEXANDRO PERETTO DIACONO CARDINALI MONTALTO
S.R.E. VICECANC. D.D. IOANNES GVERRA PICTOR EIVS AMPLITVDINI DEVOTVS

CRÉDITS PHOTOGRAPHIQUES

Antiken Staatliche Museen, Berlin 76/77b, Artephot/Athenon 60h, 60b, 67, Artephot/Fabbri 90h, Artephot/Faillet 36b, 37, 86, Artephot/Held 46, 70/71, 123b, Artephot/Nimatallah 13, 14/15, 23h, 23b, 29, 31, 32/33, 43b, 53h, 62h, 63h, 69, 76/77h, 79, 80h, 97b, 99, 100/101, 101h, 110, 112/113, 122, 124h, 125, 125b, 127, Artephot/Ziolo 98b, Jean Bernard 35b, Bibliothèque Nationale, Paris 34/35h, 53b, 62b, 68h, 75b, 80/81b, 85h, 91, 159, British Museum, Londres 19h, 61h, 94, 101b, Bulloz 56/57, 104, Dagli Orti 4e plat de couverture, 1, 2/3, 4/5, 6/7, 15, 17h, 17b, 19b, 25, 28h, 42h, 43h, 45b, 47, 49, 81h, 93h, 103, 111, 114, 115h, D. R. 14, 26, 28b, 30h, 68b, 75b, 83, 84h, 89, 97b, 105, 106, 107b, 108, 136/137, 138, 148/149, 154/155, Deutsches Archäologisches Institut, Athènes 40h, Ecole nationale supérieure des Beaux Arts 95h, 109, 116/117, 118/119, 120/121, 123, Edimedia 22, 27h, 44, 66h, 72/73, 84/85b, 107h, Explorer 11, 21h, 67h, 98h, 115b, Gallimard, 63b, 140/141, 145, Giraudon 86/87h, 87b, 109h, 142/143, 144, 167, Hoa Qui 16, 18, 20, 21b, 24, Magnum/Lessing 64h, 88, 102h, 126, Metropolitan Museum of Art, New York 66, 75h, 95, Paolo Moreno 1er plat de couverture, 52b, Musée national, Naples 128, Rapho 48b, 96h, Réunion des Musées Nationaux, Paris 12, 41, 45h, 54/55, 58/59, 60/61b, 64b, 65, 82, 90b, 92/93, Robert Harding Picture Library, Londres 38, Roger Viollet 36h, 39, 78, 100h, 114h, 130, 133, 134/135, 144/145, 147, 152, 156/157, 161, 162/163, 164/165, 166, 170, Royal Ontario Museum, Toronto 129, Staatliche Antikensammlungen, Munich 63b, Schwerin, Staatliches Museum 151, Université de Cincinnati, 8/9.

COLLABORATEURS EXTÉRIEURS

Conseillère éditoriale : Claude Moatti, Cartographie : Patrick Mérienne, Maquette Corpus : Annie Galeron, Maquette Témoignages et Documents : Catherine Le Troquier, Correcteur : Simone Sentz-Michel.

Table des matières